新年度 ここで差がつく！

教師1年目のスタートアップ

髙橋朋彦
TAKAHASHI TOMOHIKO

学陽書房

JN011325

はじめに

「子どもに信頼されるいい先生になりたい！」

　そんな素敵な思いを持って教員人生のスタートに立っている方がたくさんいらっしゃると思います。本書は、そんな教員1年目の方を中心に、教師としての仕事の基本と、ここを知っていると子どももクラスも成長できる！　そんなポイントを集めた1冊です。

　新年度、教師になったばかりのみなさんは、（こんなこと聞いてもいいのかな？）と、先輩方に聞きづらいこともたくさんあると思います。そんな時、この本の内容が、みなさんの助けになるはずです。

　新年度の学級のスタートは、その後の1年間を左右してしまうくらいとても重要です。学級のきまりや学習規律の定着はもちろん、子どもの前向きな気持ち、子どもと教師や子ども同士の人間関係など、さまざまなところに生まれるスタートの「小さな差」が、1年後のゴールの「大きな差」につながります。つまり、新年度のスタートの取り組み方次第で、ゴールに「大きな差」をつけることができるのです。

　ここで大切にしたいのは、「何と差をつけるか？」ということです。

　初任時代、私は
「誰にも負けないいいクラスをつくって、周りと差をつけたい！」
と思っていました。

　他のクラスよりきちんとするために「学習規律」を整えたり「行事」に力を入れたりし、他のクラスの先生よりも人気者の先生になるために自

分のクラスだけの「イベント」を企画し、とにかく他のクラスよりもすごいクラスを目指して学級経営をしていました。

　その結果…子どもの気持ちが私から離れてしまいました。

　それもそのはず、他のクラスと「差」をつけたかったのは、自分がすごい先生だと思われたいからでした。自己満足で自分本位なその考え方で臨んだ初めての学級担任。とても苦い思い出です。
　他のクラスと比べて差をつけようとしても、私と同じように失敗してしまうかもしれません。他と比べるのでなく、目の前の子どもたちや教師である自分自身の成長に大きな差がつくという認識を持っていることがとても大切だと私は考えます。
　そして、その差をつけるためにはスタートが肝心です。

　スタートしてから急成長を遂げるという意味を持つ「スタートアップ」。そして、目の前の子どもや教師であるみなさん自身の成長に大きく差をつけられるよう、読者のみなさんや、その目の前の子たちの成長を願い、『新年度ここで差がつく！　教師1年目のスタートアップ』というタイトルで、本書を書かせていただきました。

　みなさんの教師人生のスタートアップを応援しています。
　共に成長していきましょうね。
　それでは、しばしお付き合いください。よろしくお願いします。

　　　　　　　　　　　　　　　　　　　　　　髙橋　朋彦

も く じ

第 1 章

これだけは春休み中にやっておきたい！
子どもとの出会いまで

第 2 章

スタートが超重要！
新年度からの学級づくり

第**3**章 初任から信頼関係をつくる！
新年度からの子ども対応

第 **4** 章　超基本がわかる！
新年度からの授業づくり

第 **5** 章　これだけで信頼される！
新年度からの保護者対応

第 **6** 章　知っておきたい！
教師の仕事のポイント

ようこそ教員の世界へ！

これから始まる教員人生

　教員になるのは本当に大変です。義務教育が終わり、高校、大学に進学して教育実習。周りの学生より苦労をされた方も多いと思います。中には仕事をしながら通信教育で免許を取った方もいらっしゃることでしょう。ついに教員の生活がスタートします。この本で、みなさんの教員人生が輝くお手伝いができたら嬉しいです。

教員はこんな仕事

　教員の仕事には大きく分けると、次のようなものがあります。

・授業　・学級経営　・学級事務　・行事　・トラブル対応

　授業や学級経営、行事やトラブル対応など、子どもに関わる仕事もあれば、子どもとは直接関わらない学級事務の仕事もあります。

　そしてこの仕事の何よりの魅力は、感動があること。

　子どもとの関わりの中で、泣いたり笑ったり怒ったり楽しんだりが本当にたくさんあります。何年仕事をしていても、感動して涙することができるこの仕事は、本当に素晴らしい仕事だと思います。

　栄養満点でおいしい給食が食べられたり、子どもと楽しく遊べたりするのも大きな魅力です (笑)。

辛いこともある

　とても魅力的であることは間違いありませんが、辛いこともたくさんあります。いったん実際の仕事が始まってみるとすごーくたくさん仕事があり、慣れるまで大変です。時間もたくさんかかるでしょう。

しかし、子どもや保護者に力を借りたり、他の職員と力を合わせたり、学んだりすればきちんと乗り越えられます。

不安も大きいと思いますが、安心してください。学校の先生にはやさしい人がたくさんいます。配属された学校の先生方に聞いたり、自分によい方法を探したりすることで、少しずつ仕事にも慣れていきます。

また、この本もお役に立てることがたくさんあると思います。本書は新年度に特化した本になっています。

教員人生を充実させ、仕事を楽しむために大切なこと

教員人生を輝かせるために大切なことは、

- **学び続けること**
- **考え続けること**

だと考えます。私の出会った素敵な先生方は、どの方も学び続けているか考え続けているか、またはその両方をしていました。

たとえば、目の前でうまくいかない問題が起きたとします。どうすればうまくいくのだろう？　と課題を持ち、自分で考えたり、人に聞いたり、本を読んだりして、問題と向き合い、課題を持ち、仮説を立て、実践をし、成果と課題の分析をし、改善を繰り返します。

このように、学び、考え、実践し続けることで、仕事の経験がしっかり身につき、次に問題が起こったときにも無理なく対処できるようになると、仕事がどんどん楽しくなっていきます。そして、仕事が楽しくなった分、教員人生が輝いていきます。

みなさんのこれから始まる教員人生。本書がその最初の１歩のお手伝いをしていきます！

第 1 章

これだけは春休み中に
やっておきたい！

子どもとの
出会いまで

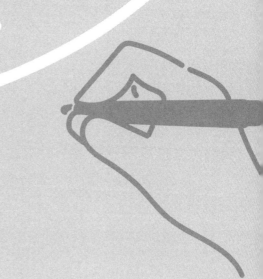

1 事前に学校に 電話するときのポイント！

初めての学校への電話

　もうすぐ4月。着任前に学校へ電話をかけることになります。初めての電話はとても緊張するものです。電話ぐらいと軽く見ずに、話す用件をメモした上でかけましょう。用件をうっかり聞き逃さずにすみます。

わからないことは思い切って聞こう！

　不安でいっぱいだと思いますが大丈夫。きっと、やさしく対応してくれるはずです。私だったら、聞くことは次の3つです。
　「当日の持ち物は何かありますか？」
　「当日までにしておいた方がよいことはありますか？」
　「何時頃お伺いすればよろしいでしょうか？」
　おそらく持ち物は、
　　・動きやすい外靴　・上靴　・ジャージ　・湯呑み　・筆記用具
が必要になってくると思います。
　それ以外にも学校によって必要となるものは違うので、ぜひ聞いてみてください。
　「持ち物を教えていただいてもよろしいですか？」
と聞けば、丁寧に教えてくれます！　また、初日に準備ができていなくても次の日に持っていけば大丈夫なのでご安心を。

✧ 初めての学校への電話で聞きたいこと！ ✧

☑ 当日の持ち物
☑ 当日までにしておくこと
☑ 学校に伺う時間

※ほかにも…
・当日のお昼ご飯
・菓子折りについて　など

ここがポイント！

　初めての電話です。電話の受け答えに不安がある方は、電話のマナーをビジネス書やネット検索で学んでおくとよいでしょう。ここで身につけたマナーは、今後の保護者や外部への電話でも活用できます。

　また、学校によってはお昼を食べに行ったり用意してくれたりする場合もあります。余裕があれば電話するときに聞くとよいでしょう。

　厄介なのが「菓子折り」です。用意する学校もあれば、そうでない学校もあります。私なら**「お菓子を用意したいのですが、職員は何人いらっしゃいますか？」**と聞いてしまいます。必要なら人数を教えてくれますし、必要がなければ断ってもらえます。もし必要ならば、あまり大きな声では言えませんが、コンビニのお菓子は安くてすぐに準備ができてとても便利です。また、県外の方でしたら、地元のお菓子を用意できればコミュニケーションのきっかけになることもあります。

初日から
やることがたくさん！

めまいのする仕事量

　4月の着任前、(春休みだからゆっくり進めよう) そんなことを思っていましたが現実は違いました。始業式まで3～5日間の間にやらなければならないことがありすぎて驚愕しました。

周りの先生に頼って、チェックリストをつくる

　着任して1日目からやることはたくさんあります。私の地域では、着任した職員はあいさつ周りをします。さらに、職員会議や学年の打ち合わせなどがあります。与えられている校務分掌によっては提案しなければならないこともあります。たくさんの仕事の中の隙間の時間を使って自分の学級のことを進めていきます。やることが多すぎて、頭が混乱したのを今でも覚えています (笑)。

　だからこそ、**周りの先生を頼りながらチェックリストをつくることをオススメします。**チェックリストには、膨大な量の仕事が書かれます。この量にも心を折られるかもしれませんが、1つ1つこなすことで、きちんと終わらせることができますのでご安心ください。

　右ページに、私がしていることのチェックリストをつくりましたのでお役に立てれば嬉しいです。ただし、地域や学校によって変わってくるので、ご自身の状況に合わせて作成することをオススメします。

✧ 新学期にすること ✧

事務的なこと

- ☐ 児童名簿作成
- ☐ 学級・学年だより
- ☐ 出席簿・
  健康観察簿の確認
- ☐ ドリルやテスト、
  教材の業者注文
- ☐ 重要書類の整理
- ☐ 児童に配付する
  教科書の冊数の確認

学級のこと

- ☐ 教室の清掃
- ☐ ロッカーや靴箱の
  名札づくり
- ☐ 机の配置決め
- ☐ 清掃用具の確認
- ☐ 清掃分担表
- ☐ 給食当番表
- ☐ 時間割づくり
- ☐ 新年度1週間の
  週案づくり

➡ ほかにもやることがたくさんあります。
周りの先生にご確認ください。

╲╲ ここがポイント！ ╱╱

チェックリストをつくるとその量に圧倒されて焦りませんか？　私は初任の頃、めまいがしたのを覚えています（笑）。ですが、必ず終わりますのでご安心ください。

コツは、周りの人が何をしているかチラチラと見ながら進めることです。**私はいまだに、「先生は今、何の仕事を進めていますか？」「あと、どんな仕事をしたらいいんでしたっけ？」と、確認しながら進めています。**そうすることで、1人ではなくみんなで仕事を進めている感覚になるので安心感が生まれます。

不思議なもので、次の年に同じ作業をすると、考えられないくらい速く仕事を進められるようになっています。自分のできなさに落ち込まなくても大丈夫です。これからの1年間で大きく成長できます！

3 自分の仕事をつかむ！職員会議ののぞみ方

初めての職員会議

　着任してすぐに職員会議が始まります。分厚い資料。聞いたことのない言葉。経験したことのない行事。何も知らない状態でのぞむ職員会議はわからないことだらけで頭が混乱するでしょう。大丈夫。初めてなので当然です。それに情報把握のポイントがあるんです。

自分に関する言葉を見つけよう

　全ての情報を理解しようとしても不可能です。ですので、職員会議の資料の中から自分に必要な情報を選びます。必要な情報を選ぶためのポイントは次に示す自分に関する言葉です。

　・自分の名前　・自分の学年　・全員がすること

　この3つを意識して職員会議にのぞみ、マーカーを使って線を引きます。 たとえば、

○校務分掌　　…　自分の名前がある
○年間行事　　…　自分の学年の行事がある
○入学式準備　…　全員で準備する

　線を引くだけでも、頭の中が整理されていきます。行事関係や締め切りは、すぐに手帳に記入するとスムーズな仕事につながります。わからないことがあったら、周りの先生に質問しましょう。

会議中にマークすること

- 自分の名前
- 自分の学年
- 全員がすること

➡ すぐに手帳に記入！

ここがポイント！

　新年度の職員会議は時間のない中で、膨大な量が行われます。まさに、【速すぎ・多すぎ・長すぎ】という状態です。本当に頭が混乱してしまいます。そんなときは、周りに相談してください。

　「すみません。職員会議の内容が理解できませんでした。おさえなければならないところはどこですか？」
と聞けば、やさしく教えてくれます。

　（迷惑をかけてはいけない）という気持ちはとても素晴らしいことです。ですが、周りにいる先生方には、（困っている人を助けたい）という気持ちもあります。ですので、安心して質問してください。

初日から始めたい！
資料の整理の仕方

大量の紙資料に押しつぶされる

　学校現場ではICT化が進んでいます。しかし、今だに紙の資料がとても多いです。ちょっと気を抜くと机の上が紙の資料まみれになってしまいます。次の3つに分類してどんどん整理していきます。

捨てる・こなす・まとめる

　紙資料は大きく分けて次の3つです。

　　A 必要のない資料

　　B アンケート類

　　C 必要な資料

　Aの資料はとにかく多いです。目を通したらすぐに捨てることをオススメします。捨てていいかわからなかったら、周りに確認します。

　Bは（後でやろう）が危険です。資料が溜まり、後でやろうと思っても探すことができません。ですのですぐに答えて提出します。

　Cは自分に合った方法でまとめます。私は紙ファイルとバインダーでまとめるのが好きです。基本的に紙ファイルは、①職員会議資料、②学年資料、③研修資料、④その他資料の4種類で資料をまとめます。

　バインダーは常に必要な書類を挟んでいます。

✧ 整理のポイント ✧

> よく使う資料のみ**すぐ手に届くところ**に置いておきます。

> **職員会議資料はインデックスをつけておく**とすぐに必要な情報を見つけられます。

ここがポイント！

【紙ファイル】

①職員会議資料…職員会議の資料は超重要です。インデックスをつけてまとめています。

②学年資料…学年に必要な書類をまとめています。

③研修資料…校内研修や悉皆研修など、参加した研修の資料を全てまとめています。

④いろいろ資料…捨てられないし、上の①〜③のどれにも所属しない書類を全てまとめてしまいます。

【バインダー】

　週報、週案のコピー、行事の日程など、すぐに情報を確認したいものを挟んでおきます。

5 年間スケジュールを見通すには？

まずは行事を把握する

　春休み中の職員会議で、年間スケジュールが配られます。スケジュールを見てびっくり！　やらなければいけないことがたくさんあります。年間スケジュールを見通すことで、計画的に仕事を進められるようになります。デジタル・紙の両方で扱えるようにすると便利です。

すぐに手帳に記入しよう

　私の場合は、次の2つに年間スケジュールを入れるようにしています。
　①スマートフォンのスケジュール帳
　②教師用手帳
　スマートフォンにスケジュールを入れておくと、いつでも確認できたりリマインダーで教えてくれたりするので便利です。忘れていた！　ということが減ります。
　一方、スマートフォンを教室に持ち込むことができない学校も増えています。その場合は教師用手帳を使います。教師用手帳は紙媒体ですので、学校中自由に持ち運びができます。しかし、手帳は落として第三者の目に触れてしまうかもしれないので、個人情報は書かないようにしています。

すぐに手帳に記入！

年間スケジュール

☑ スマートフォン

☑ 教師用手帳

ここがポイント！

　デジタルと紙を使い分けると効率的に仕事を進められると考えています。私の場合、デジタルは確認。紙は思考のために使っています。デジタルで思考ができないかいろいろ試しましたが、私にはできませんでした。この時代でも紙の方がよいこともあります。

　私の使っている教師用手帳は、明治図書が出版している『教師生活手帳』です。他にもいろいろな会社がいろいろな種類の手帳を出版しているので、自分に合ったものを探すといいかもしれません。また、ノートを使っている方もたくさんいます。お近くの先輩にどのようにしてスケジュール管理をしているか聞くと、とても参考になります。

　こだわりのある先生の話を聞くと、すごーく楽しいですよ (笑)。

子どもを迎える
教室環境を整える

教室環境の役割

　子どもを迎える前に、ある程度、教室の環境を整えます。教室環境を整えておくことで、すぐに子どもたちは動くことができます。

　必要なものは学校が始まってから徐々にそろえていく感覚で大丈夫です。

子どもを迎える前に整えておきたい教室環境

　子どもを迎える前に私が整える教室環境は、次の5つです。

①机の配置

　左右対称になるよう、マス目を計算して印をつけます。印は机の前ではなく、後ろにつけると子どもがそろえるときに楽です。

②給食当番表

　1人1役になるように名前と役割の表をつくります。

③清掃分担表 (p.49 参照)

　1人1役になるように分担。1週間に1回交代します。

④日直の仕事 (p.45、52 〜 53 参照)

　日直の台本をつくっています。

⑤お便りホルダー

　クリアホルダーを壁に貼ります。

✧ 新年度の教室環境 ✧

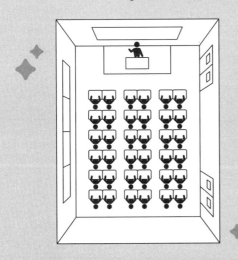

- ☑ 机の配置
- ☑ 給食当番表
- ☑ 清掃分担表
- ☑ 日直の仕事
- ☑ お便りホルダー

など

➡ 周りの人との相談も大切！

╲╲ ここがポイント！ ╱╱

　今回は、私が整えている最低限の教室環境を紹介しました。年数が経てば、自分の仕事のしやすいように教室環境がつくれるようになりますが、最初ですので同学年や近くの学年の先生と相談して進めるとよいでしょう。

　掲示物は、1年間同じでなくても大丈夫です。最初につくった掲示物でうまくいかなかったら改善して新しいものを用意します。その際は子どもに、

　「この掲示物だとうまくいかなかったから変えたよ。使い方はね〜」
と言って、掲示物の使い方の共有をします。

　子どもの活動のしやすさにつながる掲示物になるといいですね。

週案を書こう！

週案とは？

　週案とは、一言で言えば１週間の予定です。学校行事や教科と内容、反省等を書いて予定を立てます。実施した項目の時数をカウントして授業の管理をします。週案は多くの学校で書くべきものとなっています。書くために下記の３点セットをそろえておきましょう。

週案を書く(2+1) 点セット

　週案を書くために必要なものは、

①週報　②指導書　（③教師用手帳）

です。

　週案と週報…似ていますね (笑)。週報とは、多くの学校で教務が作成している１週間の学校の予定です。ここに、自分の学年の予定も書かれています。

　指導書は、教科書の解説書のようなものです。ここに書かれている指導の仕方を参考に授業を組み立てます。

　必ず必要とするものではありませんが、このほかに私は教師用手帳を使って予定を立てています。週案は学習内容を書くものなので、週案だけだと細かい動きを書けません。教師用手帳に、自分だけが把握すればよい細かい動きも書いています。

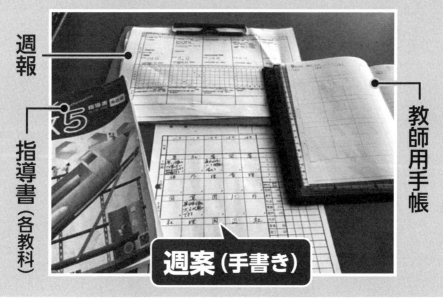

✧ 週案セットはこれだ！ ✧

- 週報
- 指導書（各教科）
- 教師用手帳

週案（手書き）

ここがポイント！

　学校にもよりますが、週案はデジタルと手書きがあります。私の学校は基本的にはデジタルですが、**私は週案のフォーマットを印刷して手書きにしています。**手書きだと、ちょっとした隙間時間にいつでもどこでも書けて便利だからです。

　新年度が始まると、忙しい日々に追われ、日課どおりにいかないこともたくさんあります。だからこそ、週案を書いておくことで、見通しを持って活動に取り組むことができます。最初は、同学年や近くの学年の先生と相談しながら書くことをオススメします。

　一方、しばらくすると週案を書かなくなることがあります。すると、溜めてしまった週案を後でまとめて提出しなければなりません。提出忘れが原因で後でまとめて週案を書いている時間は、はっきり言って無駄な時間です。どうせ書かなければならない週案です。意味のある週案にするためにも、週が始まる前に書くことがオススメです。

8 出会いの日をしっかり準備する

子どもと出会う1日目の予定は？

　子どもと出会う1日目、出会いの時間をしっかりと確保するためにも予定をしっかりと立てておくことが大切です。

　では、初日にはどんなことがあるのでしょうか？

- ・始業式
- ・着任式
- ・学活 (子どもとの出会い)
- ・教科書配付→名前を書く
- ・手紙の配付 (超大量)
- ・入学式の練習
- ・帰りの会

とくに何を考えておくとよいか？

　とくに考えておくとよいのは着任式のあいさつ。子どもを教室に迎えるにあたっての教室のかざりつけや教室での自己紹介、一番最初に話しておきたいクラスルールなどです。

やるべきことと具体的イメージ を明確化する！

しっかりとした計画

- 始業式
- 着任式
- 学活（子どもとの出会い）
- 教科書配付
  → 名前を書く
- 手紙の配付（超大量）
- 入学式の練習
- 帰りの会　など

ここがポイント！

　予定を立てるために、インターネットを使っていろいろな情報を得ることも大切です。しかし、その学校ごとにやることは微妙に変わってくるので、全てに対応できるわけではありません。自分の学校に合わせた予定を立てることが大切です。

　そこで、身の回りの先生方を頼るようにしましょう。

　その学校にいらっしゃる先生方は、その学校に合った方法で取り組んでいます。ぜひ、アドバイスをいただきましょう。

　私の場合は、やることを時系列に沿って紙に書き出しています。着任式ではどのようなあいさつをするか、出会いの演出のポイントは何か、配付物はどの時間に配ればよいか書き出すことで、わからないところやつまずくポイントが明確になり、改善ができます。

第 2 章

スタートが超重要!

新年度からの
学級づくり

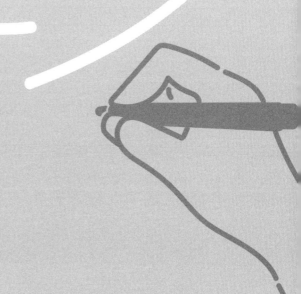

1 子どもとの出会いは 着任式のあいさつから 始まっている！

子どもはどんなところを見ている？

（着任式では普通にあいさつだけすればいいや）

自分が初任のとき、そう思っていると初任者指導の先生から、

「着任式はどんな先生か知ってもらう場だよ。ありきたりのあいさつ だと、子どもに何も伝わらないよ」

と、声をかけていただきました。

自分の特技を披露した

私はあわてて、自分のできることを考えました。大学時代に吹奏楽部 とオーケストラ部を掛け持ちした経験を活かして「コントラバス」を演 奏することにしました。演奏した曲は、トトロの「さんぽ」。曲に合わ せて子どもたちが手拍子をしてくれたことを今でも覚えています。

他の先生方も、マジックをしたり、クイズを出したり、ミニゲームを したり、あいうえお作文で自己紹介をしたり、いろいろな方法で着任式 のあいさつをしていました。

休み時間に子どもたちと廊下で会うと、「トトロの曲を演奏した先生 だ！」と、親しげに声をかけてくれました。

着任式のあいさつを工夫してよかったと思いました。

✦ どんな先生か知ってもらう！ ✦

着任式の自己紹介

- 特技披露
- 工夫した自己紹介
- ミニレク
- その他　など

╲╲ ここがポイント！ ╱╱

着任式ではどんなことをすればよいのでしょう？　たとえば、

○特技披露

- ・サッカーのリフティング　・野球の遠投　・マジック
- ・筆で書いた文字を披露　・楽器演奏　・英語スピーチなど

○工夫した自己紹介

- ・あいうえお作文　・好きなものの紹介

○ミニレク

- ・ジャンケン　・（ミニレク集から探すのがおすすめです）

○その他

- ・紙飛行機を飛ばす　・校歌を歌う　・学校のいいとこ紹介

いろいろな方法があります。自分に合ったものや学校の状況に合わせてあいさつを考えていきます。

学級開きは「目的」を持ってやろう

学級開きの目的は？

担任のカラーによって学級開きの目的は変わってきます。たとえば、

- ・子どもの印象に残る
- ・この1年を楽しみにしてもらう
- ・教師と子どもの願いを共有する　　など

いろいろな目的があっていいと思います。大切なのは、目的をもつことです。みなさんはどのような目的で学級開きをしますか？

いろいろな学級開きのやり方がある

学級開きの実践はたくさんあります。たとえば、

- ・あいうえお作文で自己紹介
- ・子どもに自己紹介をしてもらう
- ・紙芝居を使う
- ・ミニレクをする
- ・かぶりものをして登場し、ドッキリをする
- ・始業式のよかった姿をほめる
- ・黒板アートで出迎える

この他にもたくさんあります。その中から、自分の学級開きの目的に合わせてどのような実践をするかを選んでいきます。

✧ 自分の学級開きの目的は？ ✧

子どもの印象に残る？
1年を楽しみにしてもらう？
教師と子どもの願いを共有する？

➡ **目的に合わせて
実践を決める！**

\\\\ ここがポイント！ ////

　私の場合は自己紹介クイズをした後に願いを語っています。ねらいは親近感を持ってもらった後に願いを語ると伝わりやすいからです。最初のクイズは○×にすると、気軽に参加できます。たとえば、

　「先生の好きな食べ物はラーメンである」「○です」

　「先生の苦手な食べ物はスイカである」「○です」

というように問題を出した後、「同じ人いる？」と聞くと、より親近感を持ってもらえるでしょう。その後に「願い」を語ります。

　「先生はこの1年で、人を大切にできる人になってほしいと思っているよ。だからね、使う言葉や思いやりを大切にしてほしいんだ〜」

　親近感を持ってもらった後に語ることで、教師の言葉が伝わりやすくなります。

　これはあくまでも私の例です。自分のスタイルや考え方に合った学級開きをするために、相談したり調べたりすることがおすすめです。

学級づくりの視点を持って新年度を始めよう

忘れがちな学級づくりの視点

　私が若手の頃、授業や行事、学級事務をこなすことばかり意識してしまい、「学級をつくる」という視点がありませんでした。

　そのために、子どもたちは群れの状態のままで、何かあったら、子どものせいにしていました。

　「学級をつくる」という視点があると、何かあったときに目の前の実態をあきらめるのではなく、学級が集団として成長するための課題としてとらえ、働きかけることで、子どもの成長につなげることができます。

学級づくりの効果

　学級づくりがうまくいくと、学級は次のような集団になります。

- ・授業や行事に前向きに参加できる
- ・個人で努力を積み重ねられる
- ・力を合わせて活動することができる
- ・困ったときは友達同士で助け合える
- ・トラブルが減る
- ・トラブルを通して成長できる　　　など

子どもを成長させるためにも学級づくりの視点は欠かせません。

✦ 学級づくりの視点はいろいろある！ ✦

- 前向きな気持ち
- 個人の努力
- 友達同士の助け合い
- トラブル減少
- トラブルからの成長
- きまりとの向き合い方

　　　　　　など

\\\ ここがポイント！ ///

　学級づくりは、「学級レクをすること」だと思っていました。学級づくりは学級レクだけではありません。私は次の5つを心がけて学級づくりをしています。

①子どもと教師の人間関係づくりをする

②過ごしやすい学級の仕組みづくりをする

③学びやすい学級の仕組みづくりをする

④言葉の環境を整える

⑤子ども同士の人間関係づくりをする

　学級づくりを意識することで、「いまできないこともできるようにすればいい」と、前向きな気持ちで学級と向き合えるようになります。私は最初の3日間はとくに①を、1週間では②に注力し、1ヵ月で①〜③を安定させるようにしています。その後④、⑤に取り組むようにしています。

最初の3日間で 心がけること

最初の3日間は大事な期間

「黄金の3日間」という言葉を聞いたことがあるでしょうか？ 黄金の3日間は、向山洋一先生のお考えで「始業式からの3日間」のことで、教師の言葉が子どもに届きやすい期間だと言われています。この3日間は学級づくりにおいて重要な期間です。向山先生のご実践とは少し異なりますが、私は最初の3日間で次のような実践をしています。

教師と子どもの「願い」を共有する

学年が変わった節目ということもあり、子どもは最初の3日間、とても前向きです。また、どんな先生なのか知りたがっています。そこで私は初日の出会いの演出の後、「人を大切にできる学級にしたい！」という願いを子どもと共有することを大切にしています。

願いは一方的に押しつけるだけでなく、「みんなはどんな学級にしたい？」と聞いて共有するようにしています。たとえば、「楽しいクラスにしたい！」という願いが子どもにあったとします。そうしたら、その願いを受け、「将来を輝かせるための成長ができる楽しい学級にしていこうね」と、教師と子どもの願いを共有しています。 そして、3日間は朝や帰りの会、授業や休み時間などの全ての場面で「その行動は人を大切にしている行動だね」「○○さんの声かけが楽しい学級につながっているね」と、願いを共有する言葉を使った声かけをたくさんします。

✧ 子どもと教師の願いを共有しよう！ ✧

子ども	教師
● 楽しい学級	● 人を大切にできる学級
● 助け合える学級	● 安心できる学級
● いじめのない学級	● 力をつける学級

ここがポイント！

　みなさんは、どんな学級にしたいと考えていますか？　この願いをしっかりと持っているかどうかで、そしてどんな願いを持っているかで１年間の学級経営は大きく変わります。私の尊敬する先輩は「力をつける」、私の大好きな友人は「安心できる学級にする」という願いを持っています。どちらの方もその願いと関連づけたとても素敵な学級づくりをされています。

　私と先輩と友人ではまったく違う願いをもっています。願いに正しい答えはありません。また、その年によっても変わってきます。「どんな学級にしたいか？」自分自身に問いかけ続け、自分の願いを見つけ、磨き続けることが大切だと考えます。

　そして、その願いを子どもに押しつけるのではなく、共有することで、教師と子どもで教室の願いにしていきます。

5 最初の1ヵ月間で 心がけること

最初の1ヵ月間にしていきたいこと

　3・7・30の法則という言葉を聞いたことがあるでしょうか？　3・7・30の法則は、野中信行先生が提唱する4月の1ヵ月間の重要さを示した考え方です。3は3日間、7は1週間、30は1ヵ月間を表わしています。

　野中先生のお考えとは少し違いますが、前述した最初の3日間の考え方と合わせ、4月の1ヵ月間は次のようなことを心がけています。

仕組みづくりと仕組みの定着

　最初の1週間は仕組みづくりをします。たとえば、

- 学校に来てからの朝の過ごし方　・時間　・朝の会の進行
- 給食準備　・掃除　・帰りの会の進行　・言葉の環境

があげられます。仕組みづくりは、願いと関連づけながら子どもと共有します。基本的には新年度ですので、すぐに応えてくれる子が多くいます。そこに着目し、ポジティブに声をかけることで定着していきます。しかし、呼びかけてもすぐにできるようにはならないこともあります。そのときは、1ヵ月をかけてできるようになるまで、何度も何度も繰り返し声をかけて定着させていきます。声かけは、できない子ではなく、応えてくれた子に着目すると効果的です。

✦ この時期に心がけたいこと ✦

「願い」と
関連づけて

最初の**1週間** ➡ 仕組みづくり

最初の**1ヵ月間** ➡ 仕組みの定着

❚❚ ここがポイント！ ❚❚

　願いと関連づけて声をかけ続けると成果を上げやすいと感じます。た
とえば、朝の会で元気な声であいさつをしてくれたら「みんなのおかげ
で先生の気持ちが明るくなるよ。相手を大切にしてくれるあいさつだ
ね」。給食の準備に進んで取り組んでいたら、「○さんのおかげで給食準
備がスムーズにいってるね。早く食べたい人の気持ちを大切にしてくれ
ているんだね」というように声をかけていきます。

　そして、**同じことでも何度も何度もポジティブに声をかけていくこと
が大切です。**

　最初の1ヵ月間で願いを共有し、その願いをもとに仕組みをつくり、
定着させることで、学級の土台を安定させます。完璧とはいかなくとも、
最初の1ヵ月間で学級の土台を安定させることで、1年間の学級経営や
授業が安定します。

6 子どもが応えてくれる指示の出し方

1学期は指示する場面がたくさん！

　自分たちで考えて行動できればいいのですが、学級のできあがっていない最初のうちは教師の指示が必要な場面がたくさんあります。教師の指示がうまく伝わればスムーズに活動できますが、伝わらなければ学級は混乱します。それほど指示はとても大切です。

子どもが応えてくれる指示にする方法

　子どもが指示に応えられるようになるために、次の3ステップが効果的です。

①理解しやすい指示

・1回に1つの指示

　1回の指示に1つの指示にして、明確な指示をする。

・指示の視覚化

　指示が多い場合は黒板に指示をナンバリングしながら書く。

②観察

　子どもの様子を観察する。

③評価（ポジティブフィードバック）

　指示したことに対する子どもの行動を観察し、気持ち言葉でポジティブフィードバックをすることで、指示に応える意識を高める。

✧ 指示の大事なポイント！ ✧

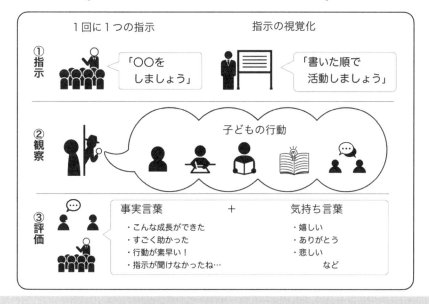

① 指示

1回に1つの指示
「〇〇を しましょう」

指示の視覚化
「書いた順で 活動しましょう」

② 観察

子どもの行動

③ 評価

事実言葉　＋　気持ち言葉

事実言葉
・こんな成長ができた
・すごく助かった
・行動が素早い！
・指示が聞けなかったね…

気持ち言葉
・嬉しい
・ありがとう
・悲しい
　　　　など

╲╲ ここがポイント！ ╱╱

　たとえば、「ノートに考えを書いて、その考えを隣の人と伝え合って、その後に全体で発表します」と一気に指示を出せば混乱してしまいます。そこで、「ノートに考えを書きましょう」と1つの指示を出し、全員がノートに考えを書けたら、「隣の人と考えを伝え合いましょう」と指示を出します。また、黒板に「①問題を解く、②考えを書く、③隣同士で練習、④発表」と書いて指示を視覚化するのも効果的です。そのときに適した方法を使い分けると、指示を理解しやすくなります。

　指示を出したら子どもを観察します。指示に応えてくれる子がいたら「素早く取り組めたね」「もう考えを3行も書いてる！　すごい！」というように、ポジティブなフィードバックをします。フィードバックを積み重ねることで、指示に応えられる学級集団に成長します。

7 意外に大事なポイント！提出物の集め方

提出物がとにかくたくさん！

　新学期には提出物がとにかくたくさんあります。名簿で提出状況の確認をしたり、出席順に並べ直さなければならない提出物もあったりします。提出物の確認も忙しさに拍車をかけます。

提出の仕方を鍛える場面にする

　この提出物が多い新学期を、「提出の仕方を鍛える場面」としてとらえ直すことで、１年間の提出の仕方が大きく変わります。私は提出するときに、提出物５ポイントとして、次の項目を心がけさせています。

提出５ポイント

①登校したらすぐに提出する
②提出物の向きを合わせる
③出席番号順に並べながら提出する
④提出するときにトントンとそろえる
⑤声をかけ合う

　提出５ポイントを鍛えることにより、名簿の提出状況の確認が驚くほどスムーズになります。新学期はもちろん、年間を通して大きな働き方改革につながります。

✦ 子どもを鍛えるチャンス！ ✦

子どもが**出席番号順に並べながら**提出！

ここがポイント！

　最初のうちは掲示物を使って共通理解していきますが、すぐにできるようになりません。そこで、教師の近くに提出物を集める場所を設置し、掲示物のとおりに行動してくれている子に「ありがとう」「助かるよ」と、ポジティブな声をかけ続けます。また、朝の会の先生の話のときに、「提出物5ポイントを意識できた人？」と聞き、意識できたかどうか自己評価を続けます。このときに**できていない子ではなく、応えてくれた子に着目して、「ありがとう」と声をかけ、行動できる子が増えていくことを喜び続けます。**

　自分たちの力で提出物を出せるようになると、自分たちの力で学級をよくしていっていると実感させることができ、教師と子どもで学級をつくる意識を高めることができます。

8 子どもが前向きに変わる！朝の会のメニュー

朝の会の目的

　朝の会の目的は学習指導要領にとくに指定されている訳ではありません。そこで私は次のような目的を持って行っています。

- ・子どもの健康状態の把握をする
- ・1日の予定の確認をする
- ・成長する意識を持たせる
- ・子どもの前向きな気持ちをつくる

朝の会のメニュー（例）

①**朝のあいさつ** … 子どもの前向きな気持ちをつくる。

②**朝の歌**

③**健康観察** … 子どもの健康状態の把握をする。

　「目を合わせて健康観察をしましょう」と言って、全員と目を合わせながら健康観察をする。ハンカチ・ちりがみ・名札の確認をする。

④**今日の価値語**…北九州の菊池省三先生のご実践。子どもの気持ちや行動を前向きにする言葉を共有する。

⑤**今週のミッション** …背面黒板に書かれた教師の示しためあてを日直が読み上げる。

⑥**先生の話** … 1日の予定の確認や前向きな気持ちをつくる。

✧ 朝の会の進行カードが便利！ ✧

日直お手持ち進行カード

朝の会 (あらかじめミッションボードを用意する)
0　気をつけ。これから朝の会を始めます。
1　起立、朝のあいさつ。「おはようございます」
2　朝の歌 (終わったら ➡「着席」)
3　健康観察　ハンカチ、ちりがみ、名札を用意しましょう
4　今日の価値語 (価値語と意味を読む)
5　今日のミッション ➡　○○を意識して行動しよう！　等
6　先生の話、先生お願いします。
7　1時間目のあいさつ

**➡ 具体的なセリフを書くと
スムーズに進行できます**

＼＼ ここがポイント！ ／／

　朝の会は時間がないのでスムーズに進めていきます。本当なら見ないでできるといいですが、最初のうちは台本を作って読ませるようにしています。慣れてきたら、項目だけにしてもいいかもしれません。

　健康観察では目を合わせることを心がけます。目を合わせることで、体調面や心の面の観察もできるからです。また、その日にその子とのコミュニケーションをとる機会が健康観察だけになってしまうこともあります。ですので、目を合わせることを大切にしています。

　今週のめあては、教師が学級の課題を把握して提示します。課題を解決する意識を持たせることで、学級を成長させることができます。慣れてきたら、子どもたちで決めさせてもいいかもしれません。

　先生の話は、1日の予定の確認に合わせて、子どもの前向きな気持ちをつくる話を心がけます。

9 給食の準備が うまくいくコツ

給食の準備は大変！

4時間目が終わると、給食の時間です。しかし、みんな休み時間気分。教師が給食当番に呼びかけてもなかなか準備を始めません。他の子は休み時間と同じように遊んでいます。こんなときは教師が「させよう」とするより、子どもに考えてもらうようしかけることが大切です。

給食の準備で自治的集団づくり

まずは、給食の準備がスムーズにいくための作戦会議を行います。作戦会議は次のような手順で行って子ども主体の自治的活動に変え、給食の配膳に時間がかかるという課題を解決していきます。

①課題の共有

「給食の準備に時間がかかっているけれど、早くつくるためにはどうしたらいいかな？」

②基準の設定

「一流の学級は遅くとも10分以内につくれるらしいよ」

③作戦会議

④決まったことの実施

⑤成功すれば喜ぶ、失敗したら③④の繰り返し

決まったことは黒板の隅に板書します。

✧ 給食準備の作戦会議！ ✧

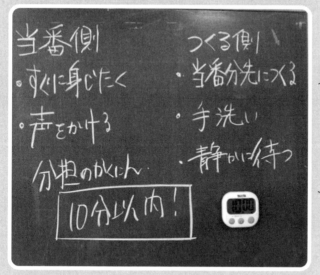

> うまくいく
> 方法を
> 自分たちで
> 考える！

ここがポイント！

　作戦会議は学活の時間を使ってじっくりと取り組めればいいのですが、毎回そんな時間も機会もつくることはできません。

　そこで、短い時間で回数を重ねて取り組めるように工夫します。

　たとえば４時間目の授業を５分くらい前に終わらせて、教師主体で課題の共有、基準の設定、作戦会議を行い、アイディアを出させます。その後、決まったことを実施することを意識させて取り組ませます。そして、成功したら「みんなの力で解決できたね！　すごい！」と教師が喜び、失敗したら「残念だったね。もう一度話し合ってみようか…」と悔しがり、再度話し合いを子どもたちに提案します。

　このような小さな課題解決の話し合いの積み重ねの経験が子どもたちを自治的集団に育てるきっかけになり、給食以外の課題も自分たちで解決する意識を高めることができます。

掃除は1人1役が
スムーズに進む！

曖昧な分担は余計な時間をつくる

　たとえば「Aグループは体育館」というように、班ごとに分担場所を設定します。すると、分担場所では誰がどの掃除をするか話し合いが行われ、ひどいときはケンカになってしまいます。**グループで分担するより1人1役がおすすめです。**

1人1役で分担

　私は、男女別に右頁のように分担をしています。本当ならグループで活動してグループの中で1人1役を与えたいところなのですが、トイレ掃除があることでグループごとの分担だと調整しづらいのでこの形式にしました。この形式にしてから明確に分担できているので、スムーズに掃除に取りかかれるようになりました。

　マグネットのネームには番号が振ってあります。番号を振ることで、「この場所は嫌だから勝手に順番を変える」というズルをできなくするためです。

　1週間が経ったら、マグネットを下にずらします。

　同じ清掃分担場所が続くので、慣れてきたら清掃の仕方を新しく入ってきた人に教えることができます。

✨ 掃除は各自の役割をはっきりと！ ✨

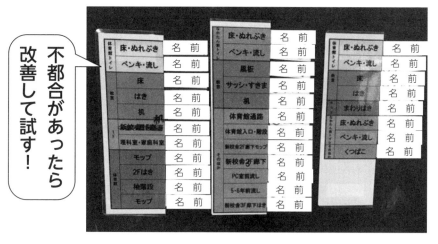

不都合があったら改善して試す！

1人1役！　1週間で交代♪

ここがポイント！

　清掃分担の仕方は、実践者の好みや担当学年、同学年との兼ね合いや学校の文化によって違ってきます。そのときに合ったもので分担を決めるのがよいです。

　ただ、押さえておきたいのは次の2点です。

- **与えられた仕事が明確であること**
- **人数が適切であること**

　清掃分担の仕方は、年度はじめに教師が決めることが多いと思います。しかし、実態によってはその方法が合わないことがあります。そのときは「この方法だとうまくいかないから変えてもいいかな？」と、子どもに聞いてから方法を変えたり、「どうしたらうまくいくかな？」と、子どもに相談しながら決めたりするのもいいと思います。

11 前向きに1日を終わろう！
帰りの会のメニュー

帰りの会の目的

　帰りの会の目的も学習指導要領にとくに指定されている訳ではありませんが、私は次のような目的を持って行っています。

- ・1日の振り返りをする
- ・子どもが前向きな気持ちで1日を終わらせる

帰りの会のメニュー（例）

①**係からの連絡** … 1日の振り返りをする。

②**サンキュータイム** … 子どもの前向きな気持ちをつくる。
　教師や子どもが日直のよかったところを伝える。

③**今日の振り返り** … 1日の振り返りをする。
　朝の会のめあてに対する振り返りを4点満点でする。

④**先生の話** … 1日の振り返りをする。
　子どもの前向きな気持ちをつくる。

⑤**帰りの支度**
　　帰りのあいさつの前に組み込むことで、帰りの会を素早く終わらせることができる。

⑥**帰りのあいさつ** … 子どもの前向きな気持ちをつくる。
（進行カードをつくっておくと便利です（P. 52 ～ 53 参照））

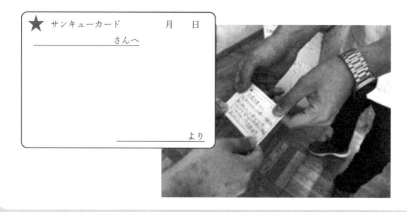

✧ カードを作っておくのがおすすめ！ ✧

前向きな気持ちで
1日を終わらせます♪

★ サンキューカード　　　月　　日
_____さんへ

_____　より

ここがポイント！

　学級の友達のよいところを紹介する「今日のきらり」という取り組みがあります。とてもいい実践だと思いますが、うまく扱えないと、「いつも同じ子になる」「誰も出なかった」など、子どもに辛い思いをさせる取り組みになってしまいます。そこで私はサンキュータイムに取り組んでいます。教師が日直のよい所をカードに書き、読み上げて渡すという取り組みです。その子の前向きな気持ちをつくるだけでなく、よさを広げることができます。慣れてきたら、子ども同士で取り組んでもよいと思います。

　今日の振り返りは4点満点による自己評価です。偶数点にすることで、「どちらでもない」という評価ができなくなるので、反省をすることができます。

　帰りの会では、「学校来てよかった！」と思えるような前向きな気持ちで1日を終わりにできるように心がけます。

帰りの会の進行カード

0　気をつけ。これから、帰りの会を始めます。

1　連絡。何か連絡のある方はいらっしゃいますか？

2　今日の振り返り　→（振り返りお助けカードを参考）

3　先生の話。先生お願いします。

4　サンキュータイム
　　「私の嬉しかったことは3つあります。1つ目は○○です。
　　なぜなら～」（終わったら）

5　手紙と宿題を机の上に出しましょう。
　　（机の上に出すのを確認できたら）
　　名札とタブレットを片づけてランドセルの準備をしましょう。
　　帰りの支度、3分で準備しましょう。

6　帰りのあいさつ。起立。机の整頓をして、黄色い帽子をかぶ
　　りましょう。

7　1ステップ（帰りのあいさつお助けカードを参考）
　　2ステップ（帰りのあいさつお助けカードを参考）
　　3ステップ　さようなら

振り返りお助けカード

① 今日のミッションは「○○○」でした。
② みなさんの自己評価は何点ですか？
　→ 1点の人？　2点の人？　3点の人？　4点の人？
③ 私は○点です。
　なぜなら～
　　・いつ
　　　　○○の授業のときに
　　　　○時間目の休み時間のときに
　　・何をした
　　　　○○をできたからです
　　　　○○ができなかったからです
④ なので次は～

帰りのあいさつお助けカード

A　明日も元気に登校しましょう！
B　車に気をつけて帰りましょう！
C　元気よくあいさつをしましょう！
D　今日も一日おつかれ様でした！
E　今日は○○をがんばりましたね！
F　明日の○○○が楽しみですね！
G　（自分らしくオリジナル！）

12 クラスを変える！言葉の環境の整え方

言葉の力がクラスを左右する

　私たちが思っている以上に言葉の力は大きいものです。言葉の力の使い方を間違えてしまえば、人を傷つけることになります。一方、正しく使うことができれば、人を救ったり前向きな気持ちをつくったりすることもできます。学級が荒れている原因も、学級が前向きになった原因も根幹には言葉があります。**学級で使う言葉を変えることは１年間の学級経営に大きな影響を与えることになります。**

「ふわふわ言葉・ちくちく言葉」と「価値語」

　ふわふわ言葉・ちくちく言葉は新潟の上越教育大学の赤坂真二先生のご実践です。学級に増やしたいふわふわ言葉と学級からなくしたいちくちく言葉を話し合って決めます。学級会でそれぞれの言葉のベスト３を話し合って決めて掲示すると効果的です。

　価値語は北九州の菊池省三先生の実践で、子どもたちの考え方や行為をプラスの方向に導く、価値ある言葉です。私は、『菊池省三先生の価値語日めくりカレンダー』（中村堂）を使って朝の会で価値語を紹介するプログラムを取り入れています。また、目の前の子どもに必要な価値語を掲示物にまとめて教師も子どもも常に意識できるようにしています。言葉と行動が一致すると、子どもの成長につなげることができます。

✧ 言葉の大事さが子どもにわかる指導を ✧

ふわふわ言葉

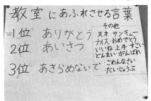

ちくちく言葉

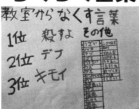

価値語

教室に掲示し、教師が
この言葉を率先して使います！

╲╲ ここがポイント！ ╱╱

　ふわふわ言葉・ちくちく言葉も価値語も掲示するだけならば、ただの
飾りになってしまいます。そこで、**教師が率先してそれぞれの言葉を大
切にします。**

　ちくちく言葉を使っている子がいたら掲示物を指し、「ちくちく言葉
を使っているよ」と、声をかけます。

　ふわふわ言葉を使っている子がいたら掲示物を指し、「嬉しい！」と
大袈裟と感じるくらいに喜びます。

　子どもをほめるときは、常に価値語を使うことを意識してほめます。

　1回指導しただけでは、子どもたちに効果を与えることはできません。
実践の力を信じ、小刻みに何回も何回も子どもたちに投げかけることで、
少しずつ成果が上がってきます。その小さな投げかけの積み重ねが、子
どもの意識を変え、大きな成長につながります。

第 **3** 章

初任から信頼関係をつくる！

新年度からの
子ども対応

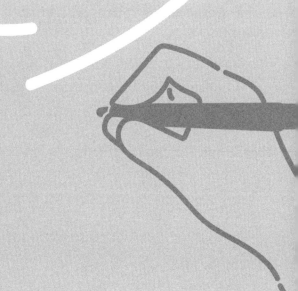

1日のどの時間でもできる！子どもと教師の関係づくり

「何を言うか」ではなく「誰が言うか」

「誰にでも同じ態度を取らなくてはいけない」とよく言われます。そのとおりだとは思いますが、現実的に誰にでも同じ態度を取れる人はいません。野球部の子に「道具を大切に使うんだよ」と、見ず知らずのおじさんと大谷翔平選手が言うのでは、必ず大谷選手の方が子どもに言葉が届きます。教師は子どもにとって影響の与えられる「誰か」になる必要があります。学校教育のほとんどの活動が、子どもと教師の関係が土台となっています。

子どもと教師の関係のつくり方

子どもとの関係は、

・休み時間　・授業　・朝の会や帰りの会

・給食準備や清掃　・学校行事　・突発的な出来事

などで関わることができます。大切なのは、「いつもありがとう」「その行動素敵だね」など、ポジティブな言葉を使って関わること。

また、「何しているときが楽しい？」と質問して子どもの興味に関心を寄せることでも関係をつくることができます。余裕があれば、子どもの関心ごとを体験することも効果的です。私は、子どもの好きなアニメを見て、楽しみながら関係づくりをしています。

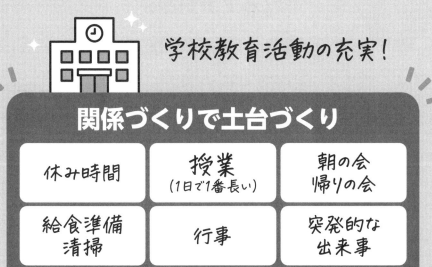

どのシーンでもポジティブに関わろう！

学校教育活動の充実！

関係づくりで土台づくり

休み時間	授業 (1日で1番長い)	朝の会 帰りの会
給食準備 清掃	行事	突発的な 出来事

ここがポイント！

「子どもと一緒に外で遊べば関係がつくれる！」
と、よく言われます。外で遊ぶことが好きな子との関係は一緒に外で遊んでつくれるでしょう。一方、外で遊ぶことが苦手な教室で過ごす子もいます。その子との関係づくりも大切にする必要があります。

私は１日で一番長い授業の時間で子どもと関わることを心がけています。一斉指導の中では、「目を合わせながら話を聞いてくれてありがとう」「動きが素早くなったね」とポジティブな声かけをたくさんします。また、机間支援では、「どこで悩んでる？」「やった！　できたね！」と、個別に寄り添ったり一緒に喜んだりしています。

お手伝いをする機会をつくって感謝を伝えることも大切です。子どもと楽しく雑談するのもよいでしょう。１日の中に子どもと関係をつくれる機会はたくさんあります。自分にあった関わり方を見つけられるといいですね。

2 意図的にやろう！子ども同士の関係づくり

子ども同士はつながっていない

　一見すると楽しそうな新年度。それは、知っている友達同士が数人楽しく話をしているだけかもしれません。

　複数学級の学年では、初めて出会う子もいるので意図的に関わりをつくるのはわかります。では、クラス替えのない単学級でも意図的に関わりをつくる必要があるのでしょうか？　私は、必要があると感じています。むしろ、単学級は人間関係が固定化されていて、決まった友達以外と関わっていません。

　担任が思っている以上に、子ども同士は関わっていません。だからこそ、担任が意図的に人間関係をつくることはとても大切です。

子ども同士のつなげ方

　さまざまな教育書で紹介されているような学級レクで子ども同士をつなげることはもちろんできます。それだけでなく、授業中にもつながりをつくる機会を取り入れます。たとえば、「隣同士で相談しましょう」「グループで話し合いましょう」といった活動を意図的に取り入れ、関わりをつくっていきます。

　大切なことは、担任が思っている以上に人間関係はできていないことに気づき、関係づくりに力を入れるということです。

✧ 授業中につなげる活動を取り入れる！ ✧

意図的に
関わりをつくる

ここがポイント！

　教育書に書かれているようなゲームをするときに気をつけるポイント
は、子どもの様子を見取ることです。私の場合、**担任はゲームに参加
せず、子ども同士の関わり方を見取ります**。そうすることで、積極的に
関わっている子を「男女問わず関わっているね」「拍手が楽しい雰囲気
をつくっているね」というように紹介してよい関わり方を広げることが
できます。また、仲が悪かったりいじめがあったりする場合も子どもの
様子から見取ることができます。人間関係をつくることと合わせて、今
後の学級経営をするための情報収集をします。

　授業中に関わる機会をつくるときは、「笑顔で意見を交換しましょう」
「終わったらありがとうございましたと言いましょう」というように関
わり方を教え、よい雰囲気の中で関われるようにします。授業中のこの
ような関わりを積み重ねることで、友達のよさを見つけることができ、
友達同士の関わり方がよくなっていきます。

3 指導の基本は「できるようにしてほめる」

できていることをほめても成長はない

「できたらほめよう」とよく言われますが、できたことはもともとできていることなので、そこに成長はありません。また、もともとできていることをほめられても子どもは嬉しくないことも多いです。

できるようにしてほめる

そこで、「できるようにしてほめること」が大切です。教師の指導を通して成長したことをほめていきます。方法は 40 ページの伝わる指示と同じです。

①教師が指導をする

②子どもを観察する

③気持ち言葉でポジティブなフィードバックをする

たとえば話を聞けない場合は、①「目を合わせて話を聞きましょう」と指導して、②観察します。なかなか動かない子にイライラする気持ちをグッと堪え、すぐに応えてくれた子に、③「事実と気持ち」を意識して、「○さんはすぐに目を合わせてくれたね、嬉しいよ」「あ！　だんだん目が合う人が増えてきた。ありがとう」「全員と目が合いました。これで安心して話せます」というように、**小刻みにポジティブなフィードバックをすることで少しずつできるようになります。**

✦ できるようにしてほめるために ✦

ここがポイント！

　ポジティブなフィードバックを心がけていても、どうしてもネガティブなフィードバックをしなければならないときがあります。たとえば先ほどの例なら、「ずっと話をしている人がいて話を始められなくて困っています」というように、事実と気持ちを伝えてフィードバックをします。そして、行動改善が見られたら「これで全員そろった。話をできる雰囲気を全員でつくってくれて嬉しいよ」と、ポジティブにフィードバックをします。

　私たちは気づくと、子どもたちにネガティブなフィードバックばかりしてしまいます。ネガティブなフィードバックの目的は行動改善です。ですので、行動改善をすることができたのなら、そこに着目してポジティブなフィードバックをすることが大切です。

　つまり、ネガティブなフィードバックをするときは、ポジティブなフィードバックで終わらせることが大切です。

4 知っておきたい超基本！子どもの叱り方

叱らなければならないときもある

　子どもを伸ばすためには叱るよりほめることが大切なことはわかっています。しかし、どうしても叱らなければならないことがあります。叱らなければならないほど大切なことを伝えるために、子どもに伝わる叱り方を知っておく必要があります。

伝わる叱り方

　伝わる叱り方を身につける前に、伝わらない叱り方を知っておく必要があります。伝わらない叱り方にはたとえば、

　①長い　②関係ないことに派生する　③具体性がない

　④他人と比較する　⑤嫌味を言う　⑥人格を否定する

　⑦決めつける　⑧考えを押しつける　⑨大勢の前で叱る

　⑩大声で怒鳴りつける

など、たくさんあげられます。このほかにも、自分の経験から伝わらない叱り方に気づけるかもしれません。それをしないと心がけた上で、**事実言葉＋気持ち言葉で伝えることが効果的です**。P.62 に書いた子どものほめ方の③の部分と同じです。たとえば、個人を別室に呼び出して「約束を守ってもらえなくて悲しい」と伝えたり、学級全体に「時間どおりに学習が始まらなくて困っている」と伝えたりします。

✧「子どもに伝わる」ことが大事！✧

事実言葉

> 悪口を言って
> しまったんだね

＋

気持ち言葉

> 先生、悲しいな

＼ ここがポイント！ ／

　不思議なもので、事実言葉＋気持ち言葉の叱り方は効果的ですが、万能ではありません。ときには最初にあげた伝わらない叱り方の方が伝わることがあります（もちろん、⑤〜⑦のような人格を否定するような叱り方はNGです）。子どもの人格を尊重した上で、そのときに最善な叱り方をすることもときには必要です。

　また、感情が先走って伝わらない叱り方をしてしまい、（失敗したなぁ）と思うことがあります。そのときは、「ごめんなさい。感情に任せて強く叱りすぎてしまいました」と、素直に謝ることも大切です。

　理不尽に叱った後は（なめられるかもしれない）と思い、謝ることは難しいかもしれません。しかし子どもは、謝れる大人の態度をしっかりと尊重してくれます。**子どもとの関係を壊さないためにも、失敗したときは素直に謝ることが大切です。**

最初に教えておきたい、子どもの「叱られ方」

叱られ方を教えることも大切

　子どもの成長を願って相手に伝わるように伝えても、子どもが受け取れなければまったく意味がありません。これから先の人生のためにも、成長する叱られ方を身につけさせることは大切です。

成長する叱られ方

　成長する叱られ方として、次の5つのステップを、次ページの画像のような掲示物を使って教えます。

①**受容する**	…	反発せずに叱られたことを受け入れる
②**反省する**	…	二度としないと心に決める
③**謝罪する**	…	自分が悪かったと言葉にして伝える
④**改善する**	…	自分の行動を変えて成長につなげる
⑤**感謝する**	…	間違いに気づかせてくれたことに感謝をする

　④と⑤の間に線を引いたのは、私が叱ったときに感謝の言葉を伝えなくてよいとしたいからです。その代わり、私以外やこれから出会う人から叱られたときに感謝の気持ちを持ってほしいと伝えます。

✧ 子どもは叱られ方を意外と知らない ✧

成長する叱られ方
① 受容　叱られたことを受け入れます
② 反省　二度としないと心に決めます
③ 謝罪　自分が悪かったと謝ります
④ 改善　自分の行動を変えて成長します
⑤ 感謝　間違いに気付かせてくれたことに感謝します

叱られたことを
成長につなげる
ための方法

※教師に
　従わせるためでは
　ありません

＼＼ ここがポイント！ ／／

　　叱られ方を教えるのは子どもを従わせるためではありません。成長させるためです。この実践の目的を履き違えてしまうと、ただのパワハラになってしまうのでお気をつけください。また、叱られ方を教えるということは教師の叱り方も改善しなければなりません。

　　私は、子どもに伝わる叱り方を心がけ、子どもが行動改善をしてくれたらポジティブなフィードバックを伝えて感謝を伝えるようにしています。さらに、教師と子どもの人間関係も叱り方に大きな影響を与えます。叱ったときに受け入れてもらうためにも、日頃から子どもとの人間関係づくりを心がけます。

参考文献

野口芳宏著『野口流　教師のための叱る作法』学陽書房

「事実確認」が大事！トラブル対応の仕方

トラブル対応のゴールとは？

　「ごめんなさい」とお互いが謝罪をして解決をしたと思いきや、放課後になって保護者から「先生は話を聞いてくれなかった」との電話が入り、余計にこじれてしまうことがあります。トラブル対応のゴールは「謝罪」ではなく、トラブルに関わる人たちが「納得すること」だと考えています。納得するために大切なことは「事実確認」です。

時系列に書き出そう

　右のページの画像のように、**ナンバリングをしながら時系列で事実を書き出します。**事実確認が終わったら、「どうすればよかった？」と聞くと「③のときに怒らなければよかった」というように、冷静に自分の行動を振り返ることができます。

　複数人いる場合は１人ずつ呼び出して別々の紙に同じように事実確認をします。全員の事実確認が終わったら、全員を呼び出し、つじつまの合わないところを詳しく聞き取り、事実を合わせていきます。その後は同じように「どうすればよかった？」と、子どもたちに尋ねて自分たちの行動を振り返らせます。そこまでした後に、「みんな納得した？　納得できたなら、このトラブルはどう終わらせますか？」と聞き、子どもたちに解決の方法を委ねます。

✧ 時系列で事実を書き出し、確認する ✧

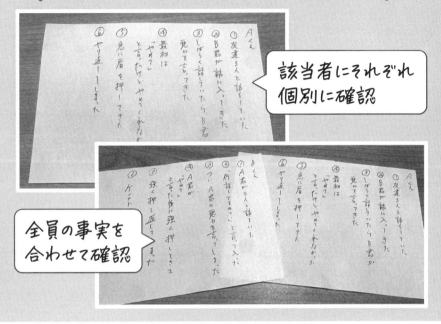

該当者にそれぞれ個別に確認

全員の事実を合わせて確認

ここがポイント！

　複数人に事実確認をすると、どうしてもつじつまが合わないことがあります。そのときは嘘つきを探すのではなく、「A君の事実もB君の事実も合わないけれど、お互いにとってそれが本当のことだと理解できる?」と、つじつまが合わないことを納得できるように促します。それでも納得できなければ、納得できる方法を子どもと一緒に考えます。

　事実確認をして子どもにトラブルの終わらせ方を聞くと、「別に謝らなくても次から気をつけてくれればいい」と言うことがあります。

　そのときは、子どもの考えを尊重して終わらせます。その後はまた1人ずつ呼び出し、「納得できた?」と確認し、その場では言えなかった考えを聞き取ります。

　事実確認をする際は、子どもの表情を見ることも大切です。言いたくても言えないことがあるときは、表情に現れます。

7 やんちゃくん・
大人女子との
関係づくり

やんちゃくん・大人女子に悩んだら

　一般的な傾向として、自分の都合で行動するやんちゃくんやどこかマセている大人女子との関係で悩むことが多いでしょう（性別による差別ではなく特性のお話です）。

意識を向けすぎない

　やんちゃくんが自分の都合で行動するのは、多くの場合、教師からの注目を集めたいからです。ですので、やんちゃくんの行動を注意すると行動がエスカレートしてしまいます。そこで、周りの適切な行動を取ってくれている子に「目を合わせて話を聞いてくれてありがとう」「素早く活動に取り掛かってくれて嬉しいよ」と、着目します。やんちゃくんは行動に着目してくれないと気づくと、適切な行動を取ります。その瞬間に他の子と同じように「ありがとう」と伝えます。

　大人女子は全体の前でほめることも叱ることも控えた方がよいでしょう。日常からその子だけに聞こえる声で「ありがとう」「いいね」と感謝を伝えたりほめたりして関係をつくります。指導するときは、その子だけを呼び出し、「どうすればよかったかな？」と、行動改善の方法を一緒に考えます。

✧ 相手の特性に合わせて対応する ✧

やんちゃくん
- ネガティブばかりに着目しない
- 日常のポジティブに着目する
- 本人だけでなく周りにも着目

大人女子
- 全体の前でほめない・叱らない
- 日常から感謝を伝える
- トラブルの解決は一緒に考える

＼＼ ここがポイント！ ／／

　やんちゃくんや大人女子だけでなく、教師が気になる子は必ず存在します。気になってしまうと、その子にしか意識がいかなくなり、どうしてもネガティブな感情をもってしまいます。そんなとき、気になる子以外の周りの子を見るようにします。周りの子で教師に応えてくれている子はたくさんいるはずです。その子たちに着目して日頃から感謝を伝えることで、（ポジティブな行動だと着目してもらえるんだ！）と、実感してもらい、行動改善につなげます。

　気をつけなければいけないのは、気になる子にばかり着目することです。気になる子にばかり着目すると、教師に応えない方が着目してもらえると感じてしまい、気になる子と同じような行動を取るようになってしまいます。

　ちなみに私が子どもの頃は、いいことをしても着目してもらえないと思い、グレようと思ったこともありました（笑）。

第 4 章

超基本がわかる！

新年度からの授業づくり

1 子どもも教師も楽しめる、魅力的な授業とは？

魅力的な授業

　読者のみなさんは、今まで受けた授業の中でどんな授業が魅力的でしたか？　私は、

○専門性がある　○わかりやすい　○教師が楽しんでいる

といった授業が魅力的だと思いました。３つとも大切だと思いますが、とくに教師が楽しんでいる授業は本当に魅力的です。

魅力的な授業をするために

　魅力的な授業をするために大切なことは教材研究です。私は、教育基本法の第２条第１項第１号をもとにして、授業の目的を次のように設定しています。

○学力を形成すること

　　（幅広い知識と教養を身につけ、）

○学びの主体性を高めること

　　（真理を求める態度を養い、）

○成長した力の使い方を教えること

　　（豊かな情操と道徳心を培う）

　目的を設定し、どんな力を身につけさせたいか明確にすることで、授業づくりを充実させることができます。

✧ 授業の目的を設定して考える ✧

★ **学力を形成する**

★ **学びの主体性を高める**

★ **力の使い方を知る**

- 専門性がある授業
- わかりやすい授業
- 教師が楽しんでいる授業

ここがポイント！

「授業改善」と聞くと、どうしても「専門的な学び」や「教え方」が主体になってしまいます。もちろんどちらもとても大切なことです。しかし、その2つに偏りすぎてしまうと、「こうしなければならない！」と固執しすぎてしまい、子どもも教師も苦しみを感じる授業につながってしまいます。

そこで大切なのが、「子どもも教師も楽しむ」という視点です。

（この活動をしたら子どもは楽しいぞ！）

（この教材をこう見せたら驚くかな？）

と、専門的な学びに楽しみを持たせたり、

（教科書を楽しそうに読んでみよう）

（友達に教えていたらすごく嬉しそうにほめよう！）

など、教え方に楽しみを取り入れたりすることができます。

教材研究は、教師が授業を楽しむためにも大切です。

2 学習規律を整える

学習規律は学びやすさ

　学習規律が整っていると、どんないいことがあるのでしょう？　授業のタイムロスが減ったり、子どもの集中力が増したり、安心して授業に参加できたりします。つまり、学習規律を整えることは学びやすさを保証することにつながります。

学習規律の整え方

　学習規律を整える際、「背筋を伸ばしなさい」「おへそを黒板に向けなさい」と、厳しく指導してしまいがちです。ときには大切かもしれませんが、その整え方だけだと形しか整わず、子どもは窮屈に感じてしまいます。そこで大切にしたいことが、学習規律の価値を実感させることです。学習規律の価値を実感することで、形だけではなく学びやすさにつながる学習規律になります。学習規律に価値を感じさせるために、価値づけが大切です。

　たとえば、「目を合わせて話を聞くとしっかりと理解できるね」「上向きな声だと相手に伝わるね」「ポジティブな反応があると授業の雰囲気がよくなるね」と、一言付け足します。

　伝わるほめ方と同じように、**子どもの行動に価値づけしながら小刻みにポジティブなフィードバックを積み重ねます**。

学習規律の価値を実感できる ポジティブな声かけを！

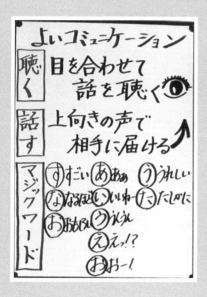

➡ 学びやすさ！

小さな
ポジティブな
フィードバックの
積み重ね

ここがポイント！

　学習規律が形として整っているクラスはすごいクラスに見えます。つい、他の先生からの見られ方を気にして形に重きを置いて学習規律を整えてしまいます。しかし、それでは本当の意味で学習規律が整っているとは言えません。子どもが学びやすさを実感して初めて学習規律が整ったと言えます。子どもの学びやすさを第一に考えるとなると、少しくらい姿勢が悪かったり机の上がそろっていなかったりしていてもキチキチと指導しなくてもよいと思います。

　私は学習規律として、上の画像の掲示物に書かれた、
①話の聴き方　②話し方　③反応の仕方（マジックワード）
の３つを押さえる程度にしています。この３つを押さえて小刻みなフィードバックをして学習規律を整えることで、無理に形を整えなくても自然と形も整っていきます。

授業でこそできる 学級づくり

日々の授業で学級づくり！？

　学級づくりと聞くと、学活の時間や休み時間にするものだと考えます。しかし、学活の時間も休み時間も日々の授業と比べたら圧倒的に時間は少ないです。1日の中で一番長い授業。ちょっとした心がけで日々の授業を学級づくりにつなげることができます。

授業で学級づくりをするために押さえること

○教師と子どもの人間関係づくり

　授業では、子どもに活動させる機会がたくさんあります。その活動に対して、小刻みにポジティブなフィードバックを積み重ねることで、教師と子どもの人間関係をつくります。

○子ども同士の人間関係づくり

　「隣同士で確認しましょう」「グループで考えを伝え合いましょう」「問題が早く終わった人は、困っている人を助けましょう」など、子ども同士で関わる機会を取り入れて人間関係づくりをします。

○前向きな気持ちの育成

　2章12の言葉の環境を意識して授業をします。活動したらお互いに「ありがとう」。「えー・やだ・面倒臭い」ではなく「よしやるぞ」と、ネガティブな言葉からポジティブな言葉へ変えていきます。

✧ 授業でこそ子ども同士がつながる！ ✧

人間関係づくり

前向きな気持ちづくり

＼＼ ここがポイント！ ／／

「授業づくりが大事か学級づくりが大事か」
よく議論されます。みなさんは、どちらが大切だと思いますか？

少しズルいかもしれませんが、私は両方とも大切だと考えます。授業
の中で学級づくりをすることもできるし、学級づくりを充実させること
で授業を充実させることもできるからです。

気づくと、授業づくりは学習の専門性ばかり追求しがちになってしま
います。もちろん学習の専門性も大切ですが、学級づくりという視点も
外してはいけません。

授業の中で人間関係をつくり、前向きな気持ちを育成することが学級
づくりにもつながりますし、よい授業にもつながります。

指導書を使おう！

指導書の使い方

　「指導書どおりの授業はよくない」と、悪い授業の例に指導書がよく取り上げられます。しかし、指導書には大切なことがきちんとまとめられているので授業づくりをする際にとても便利です。もちろん、指導書に書かれていることを全部取り入れようとしても授業を流すことができません。指導書にまとめられた授業のポイントを押さえることや、指導書に書かれた授業の流れを目の前の子の実態にカスタマイズするなど、授業づくりのヒントにするために活用します。

指導書のここを押さえる

　指導書で押さえることは３つです。
- **単元や授業の「ねらい」**
- **学習の「ポイント」**
- **授業をする「時期」**

　単元や授業のねらいを押さえることで、授業の軸ができるので、ぶれない授業づくりをすることができます。また、間違いやすいことや詳しい解説など、学習のポイントがまとめられているので、教材研究の参考にすることができます。

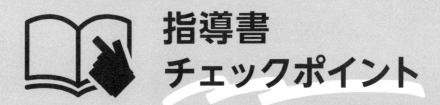

✧ 指導書にはヒントがいっぱい！ ✧

指導書チェックポイント

単元や授業の ✔「ねらい」

学習の ✔「ポイント」

授業をする ✔「時期」

＼＼ ここがポイント！ ／／

　私が初任者の頃は、「指導書のとおりに流さなければいけない！」と思っているところがありました。経験年数が少し経ってからは、「指導書を使わない方がいい！」と思うこともありました。

　今の私は、指導書も参考にして**目の前の子にカスタマイズした授業が大切だと考えています。**

　忙しい毎日です。指導書を参考にすることもあります。教育書で学んだ方法を試してみたいこともあります。オリジナルの授業に挑戦してみたいこともあります。

　この方法をしなければならないというものもありませんし、この方法ではいけないというものもありません。目の前の子たちの前向きな気持ちを引き出し、学習の理解につながることを大切にして授業を心がけています。

5 学習指導要領解説を ちょっと読もう

学習指導要領解説を読むこと

「分厚くて読めないよ」

安心してください。これは、どなたでも思っているであろう学習指導要領解説に対する感想です。それもそのはず、国語は 246 ページ、社会は 217 ページ、算数は 400 ページもあります。

全部を読むとなると大変です。しかし、自分の担当する学年のこれから教える単元だけ読むとなると数ページです。この数ページをちょっと読むだけで授業の大切なことを押さえることができます。

学習指導要領解説の読み方

とくに特別な読み方をしていません。(大切だな)と思ったことにマーカーを引くだけです。

最初のうちは何を書いてあるかわからなくても、**ちょこっとずつマーカーを引くことを繰り返すうちに学習指導要領解説に書かれている内容を理解できるようになっていきます。**この積み重ねをすることで、授業で大切にすることは何かを押さえることができます。

全ての教科を読めなかったとしても、自分の研究したい教科に絞って読んだだけでも大きな学びがあります。私は、算数を読むようにしています。

担当学年のいまから教える単元だけ 読むなら数ページ！

D（起こり得る場合）

（2）起こり得る場合に関わる数学的活動を通して、次の事項を身に付けることができるよう指導する。

ア　次のような知識及び技能を身に付けること。

（ア）起こり得る場合を順序よく整理するための図や表などの用い方を知ること。

イ　次のような思考力，判断力，表現力等を身に付けること。

（ア）事象の特徴に着目し，順序よく整理する観点を決めて，落ちや重なりなく調べる方法を考察すること。

マーカーでちょこっとチェック！

ここがポイント！

　私が初任者の頃は、学習指導要領解説を何冊も買い、置きっぱなしにしていました。分厚いし重いし、持ち運ぶことが難しかったからです。

　しかし時代は変わりました。今では、文部科学省のホームページからダウンロードをしてスマートフォンに保存しておくことができるのです。ちなみに私は、iPad に保存をして持ち歩いています。

　読みたいときにいつでも読め、ラインを引いた所をどこにいても確認できるようになって、本当に便利になりました。

これは超基本！
教科書の使い方

教科書「で」教える

「教科書を教えるのではなく、教科書で教える」

授業について指導していただく際、よく用いられる言葉です。では、具体的に何を教科書「で」教えればよいのでしょうか。それが、学習指導要領解説や指導書に書かれたねらいです。それらに書かれたねらいを達成するために教科書を使います。

教科書の使い方

教科書を使う際、次のようなことを心がけています。

①音読させる

目で追っただけでは理解につながりません。音読させることで内容を正しく読み取らせ、理解につなげます。

②指差しをさせる

「○ページ△行目を指しましょう」「図1を指しましょう」というように声をかけ、教科書のどの部分を読むか確認させます。

③復唱させる

教科書の中の教えたい言葉を復唱させます。たとえば、17条の憲法はという言葉を復唱させるときは、教師「17条の憲法」→子ども「17条の憲法」と教師が言って子どもに言わせます。

➡ 教科書「で」教える

①音読させる
②指差しをさせる
③復唱させる

⫽ ここがポイント！ ⫽

　教科書よりもオリジナルの教材を用意して授業をすることがよいというイメージがあります。もちろん、オリジナルの教材を使うことはよいことだと思います。しかし、教科書を使うことは本当によくないことなのでしょうか？　オリジナル教材を毎回準備する時間を取ることはできません。また、教科書に書かれた内容は、子どもの学習を理解する上でよく考えられたものが多く扱われています。教科書をネガティブに捉えるのではなく、教科書の内容を目の前の子にカスタマイズして授業づくりをすることが大切です。

　大切なことは、学習指導要領や指導書を使って、学習のねらいを押さえることです。学習のねらいを押さえて授業展開をすることが、教科書「で」教えることにつながります。

7 ノートで教材研究をしよう

ノートで教材研究をする

　ノートで教材研究をすることは時間もかかって大変なこともありますが、授業を充実させるだけでなく自己研鑽にもつながります。

教材研究の一例

　ノートを使った教材研究は人によって大きく違ってきますので、今回は私の教材研究を例として紹介します。

　使うノートは A4 マス目リングノート。右の画像の真ん中が①ねらいとポイント。上の四角が②板書計画。下が③主な活動や発問です。

①ねらいとポイント

　学習指導要領解説や指導書を参考に書きます。ポイントを書くときには多くて３つくらいまでに絞り、授業のポイントを明確にします。

②板書計画

　本校の黒板は、（縦 1.2m ×横 3.6m）なので、四角は（縦 9cm ×横 27cm）でつくっています。

③主な活動や発問（展開）

　箇条書きで書くことで、展開をスッキリさせることができます。

自分なりのノートのフォーマットを作ろう！

自分なりのフォーマットを
持つことがオススメ

例

②板書計画

①ねらい

③展　開

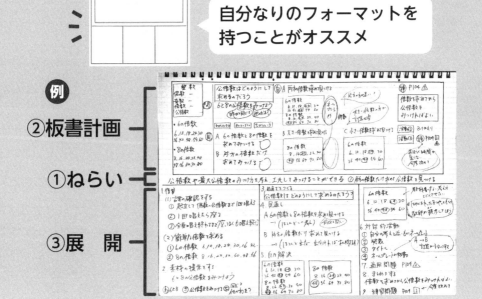

ここがポイント！

　若い頃は、眠い目を擦って教材研究をしていました。しかし、苦労したほど成果は上げられなかったように感じます。教材研究はしすぎてしまうと、子どもの予想しない反応が出たときにうまく対応できず、子どもの考えを活かした授業展開をすることができません。心や体に余裕を持たせ、子どもに対応する余白を持たせることも大切です。

　教材研究も大切ですが、授業の振り返りもとても大切です。教材研究をして授業し、うまくいったことやそうでなかったことを明確にし、次につなげることで授業がうまくなっていきます。時間をかけすぎる必要はありません。**週案に一言二言うまくいったことやそうでなかったことを書くだけで、よい授業の振り返りになります。**

　自分に合った教材研究のノートのフォーマットができると、短い時間で成果の上がる教材研究ができるようになります。

時間がないときは
授業のポイントだけ押さえよう

教材研究をする時間はなかなか取れない…

　前項では、ノートを使った教材研究の仕方について紹介しました。しかし、全教科、全単元であのような教材研究をすることは不可能です。そこで、時間をかけられない場合は、ノートを使ってポイントだけ絞るようにします。

授業のめあて

　では、どのようにポイントを押さえればよいでしょうか？　それが今までお伝えした、学習指導要領や指導書を使うことです。学習指導要領や指導書に目を通し、ポイントを簡単に把握するだけでも授業に一貫性を持たせることができます。**週の予定をつくる際、そのポイントや、ポイントの押さえ方をノートに簡単に書くだけでも変わってきます。**

　私は、教師用手帳にポイントだけ書くようにしています。教材研究の時間が取れるときは、前項に示したような教材研究をしていますが、ほとんどあそこまでできません。

　ポイントを押さえ、「今日は、この部分だけきちんと定着できるようにしよう」と心がけて授業をすることで、教材研究の時間を取れない中でも子どもの理解につながる授業に変わります。

✧ こんなノートの使い方も… ✧

授業や活動の
ポイントを簡単に書きます

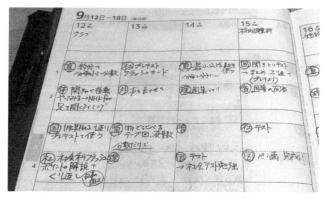

空欄は必要になったら
そのときに書き足していきます

⫽ ここがポイント！ ⫽

　とはいえ、ポイントを押さえただけで授業がすぐにうまくなる訳ではありません。前項の教材研究をして振り返りをしたとしてもすぐにうまくはならないでしょう。子どものつまらなそうな表情を見ることも続くかもしれません。

　そこで大切なことは、「授業の仕方」を教えてもらうことです。同学年の先生や教務主任、初任者指導の先生に

　「どのように授業をしたらいいですか？」

と質問をして、授業の方法を教えてもらいます。

　授業のポイントを押さえ、授業の方法を教えてもらい、自分の授業の成果と課題を振り返り、授業改善を続けることで少しずつ授業がうまくなり、少ない教材研究でも成果の上がる授業ができるようになってきます。

「やってよかった！」になる宿題の出し方

宿題の目的を考える

みなさんは宿題の目的をどのように考えていますか？　私は

・**学習の習慣を身につける**

・**学力を定着させる**

の２つだと考えます。気づくと「やらなければならないからやらせている」という状態に陥ってしまいます。宿題の目的に立ち返ることで、成果の上がる宿題にすることができます。

宿題の価値を実感させる

成果の上がる宿題にするためには、「宿題をやってよかった」と実感させることが大切です。そのためにしていることは次の２つです。

①成果の上がる学習方法（学びの５ステップ＝次ページ左側）を教える

学習が定着するのは、自分の間違いに気づき、修正し、自分の力だけで解決できるようになったときです。ですので、取り組み方を明示して定着させます。

②テストと宿題を連動させる

学習した成果を実感させるために、テストはとても有効です。私は、背面黒板にテストの日と範囲を明示しています。テストに合わせて宿題を出すことで、目的意識を持って取り組むことができます。

宿題を「やってよかった」にするポイント

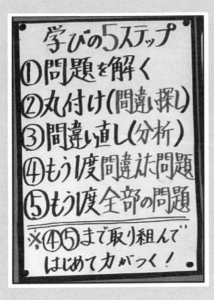

成果の上がる
学習方法を
教える

テスト予告で宿題と連動！

ここがポイント！

　多くの場合、1日の仕事の中で一番時間がかかるのは「教師が宿題の丸つけをすること」です。時間をかけて教師が丸をつけて子どもに直しをさせてもイヤイヤやるだけで学力の定着には結びつきません。丸つけは子どもにさせることが大切です。「答えを写す子がいたらどうするんだ？」と言う方もいらっしゃいますが、数人の写す子のために多くの子の成長する機会を奪うことにつながります。宿題を写してしまう子は、どうしたら写さなくなるか一緒に考えることが大切です。

　中には、塾やスポーツクラブなどの学外の学び、家庭の環境などが原因で宿題をできない子もいます。その子に対しては、どんな宿題だったらできそうか一緒に考え、その子に合った宿題を決めていきます。塾があるときは、宿題を免除しても構わないと思います。

子どもの自立にも つながる宿題の集め方

宿題をチェックするのは大変！

　私が初任の頃、とにかく仕事に追われていたように感じます。宿題の丸つけに合わせて大変だったのが、宿題の提出チェックでした。宿題は、誰が提出したか確認するにも子どもの解いた問題を丸つけするにも時間がかかります。本当に大変でした。

子ども自身で宿題チェックをする仕組みをつくる

　今では、宿題チェックを次のようにしています。
　　①子どもが自分で宿題の丸つけをする（前項宿題の出し方より）
　　②子どもが宿題を提出する
　　③提出場所に置かれた宿題の名簿に子どもが自分で丸をつける
　　④宿題の名簿に丸をつけているか教師が確認する
　　⑤学びの5ステップができているか教師が確認してハンコを押す
　2章7の「意外に大事なポイント！提出物の集め方」と同様に子どもが自分で提出できるようにしています。宿題の提出場所は、教師の見える位置にしておくことで、宿題を提出したことと名簿に丸をつけたことを確認できるので、ズルをしづらくなります。
　宿題のチェックは学びの5ステップができていたらハンコを押すだけなので、30人学級でも10分程度で終わってしまいます。

✦ 宿題は子どもが進めるものに！ ✦

宿題提出時に子どもが名簿にチェック！

ここがポイント！

　宿題のチェックは本当に大変で、休み時間はほとんど宿題のチェックに使われます。ときには、放課後も宿題のチェックをしていることもあります。宿題のチェックに追われると、子どもの姿が見えなくなってしまいます。そうなっては本末転倒です。宿題チェックに使っている時間を、子どもと向き合う時間にするだけで学級経営は大きく変わります。

　このような活動は「低学年では難しい」という言葉をよく耳にします。確かにそうかもしれません。しかし、千葉県の松尾英明先生は、ご自身の１年生担任の経験から、鍛えれば１年生でも自分でできるようになると主張されています。中・高学年よりは時間がかかるかもしれませんが、このような活動を低学年から定着させることはとても大切だと考えます。

第 **5** 章

これだけで信頼される！

新年度からの
保護者対応

1 保護者との電話の仕方 重要な5つのポイント

電話で信頼関係をつくる

　子どもがケガをしたり、ケンカしたりしたときは保護者に電話をします。電話は、保護者の信頼を得ることもできますが、信頼を壊してしまうこともあります。

電話の仕方5ポイント

　私は、次の5つのポイントを心がけて電話をしています。
①**「お時間はありますか？」**と、都合の確認をする。
②**「〜のことでお電話しました」**と、見通しを持ってもらう。
③**「〜です。〜しました」**と、一文を短くして事実を伝える。
④**「○さんには、〜という話をしました」**と、指導内容の報告をする。
⑤**「家での様子を見ていただけると嬉しいです」**のように、保護者に力を借りたいことを具体的に伝える。

　とくに大切なことは⑤です。力を借りたいことに具体性がなければ「で、どうすりゃいいの？」と、不信感につながります。様子を見て欲しいのか、話を聞いて欲しいのか、保護者に協力して欲しいことを具体的に伝えます。

✧ 電話の話し方5つのポイント！ ✧

お時間はありますか？

～のことでお電話しました

～です。～しました

～という話をしました

～していただけると
嬉しいです

＼＼ ここがポイント！ ／／

　一般的に保護者との電話では、子どもが学校でした困っていることを伝えています。しかし、それだけでは不信感を抱かせてしまうだけです。子どもの成長につなげるために保護者との協力関係を築くことが大切です。

　保護者にとって、学校からの電話の時間は仕事が終わったばかりであったり、夕食の準備をしたりしていてとても忙しい時間です。保護者の忙しさを理解し、寄り添う気持ちで電話をすることが大切です。

　できれば、子どもが帰宅して保護者と会う前に電話ができることを心がけます。子どもは自分の都合の悪いことを隠して保護者に伝えることがあります。子どもの言葉を聞いてからだと学校からの電話を冷静に聞けなくなってしまいます。着信を残しておくだけでも、効果はありますので、できるだけ早く電話することを心がけます。

② 保護者への連絡帳の返信の仕方

保護者からの連絡は連絡帳でくる

　子どもが家庭でケガをしたり、家庭の都合で休まなければいけなくなったりするときなど、連絡帳を通して保護者から連絡がきます。中には担任へのクレームや本当に困っていることの相談が書かれていることもあります。

連絡帳の返信の仕方

　形式的な返信ではなく、**保護者や子どもに寄り添う文面になるようにします。**また、保護者の要求に対する具体的な対応も簡単に書きます。赤い文字は威圧感を与えるので、黒か濃い青文字で返信します。簡単な連絡であれば、「ご連絡ありがとうございます。承知しました」と簡単に返信します。それだけだと少し味気ないので、ニコニコマークを書いたり、学校でのポジティブな様子を伝えたりします。

　担任へのクレームや本当に困っていることの相談は、すぐに学年主任や教務主任・管理職に報告・連絡・相談をします。必要ならば、コピーを取ることもあるでしょう。連絡帳の報告が終わったら、返信を書きます。何を書いたらいいか判断できないときは、学年主任や教務主任・管理職に相談します。返信だけで伝わらない場合は、電話をしたり家庭訪問をしたりします。

✧ 保護者・子どもに寄り添う文面に！ ✧

✎ **お礼**

✎ **子どもや保護者に寄り添う**

✎ **具体的な対応**

✎ **赤字ではなく黒字か濃い青字で**

✎ **必要ならばすぐに相談**

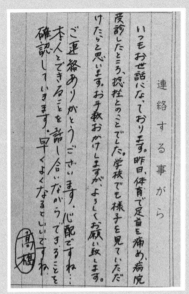

連絡する事がら

いつもお世話になっております。昨日、体育で足首を痛め、病院を受診したところ、捻挫とのことでした。学校でも様子を見ていただけたらと思います。お子さんおかけしますが、よろしくお願い致します。

ご連絡ありがとうございます。心配ですね…。本人とできることを話し合いながらできることを確認しています。早くよくなるといいですね。

髙橋

║║ ここがポイント！ ║║

　保育園の連絡帳との違いを比べてみます。保育園の子どもはまだ小さいので、子どもの様子を伝えるために連絡帳の役割は大きく、子どものお昼寝の時間にしっかりと返信する時間を取っています。だから、保育士さんの書く内容はとても温かく、読んでいてやさしい気持ちになれます。しかし、小学校では返信を書く時間を確保することも難しいです。そこで、短い中でも温かみのある返信を心がけます。

　連絡帳にびっしりと書かれたネガティブな文章をもらうことがあります。正直、その文章を見るだけで目眩がします。ところで、保護者はどんな気持ちで文章を書いたのでしょう？　連絡帳に長い文章を書くのは時間がかかり、本当に大変です。びっしりと書かなければならないくらいに追い込まれていたのかもしれません。大変ですが、そんな保護者の気持ちを受け入れながら丁寧な対応を心がけます。

授業参観で保護者に安心感を持ってもらう

授業参観の目的

　みなさんは授業参観の目的をどのようにお考えですか？　学校の様子を知ってもらうこともあると思いますが、私は保護者に安心感をもってもらうことも大切にしています。

授業参観の授業

　授業参観では、
①普段どおりの授業　②発表会形式　③保護者参加型授業
などが考えられます。
①普段どおりの授業
　国語や算数など、普段の授業をそのまま見てもらいます。学習規律を整え、一生懸命に参加する姿を見てもらいます。
②発表会形式
　特技や作文などの発表会を行います。子どもが意欲的に取り組む姿を見てもらいます。
③保護者参加型授業
　一緒に物をつくったり、子どもと一緒に同じ課題に取り組んでもらったりして授業に参加してもらいます。

✧ 普段どおりの授業で安心感を持ってもらう ✧

保護者に安心感を持ってもらう

＼／ ここがポイント！ ／＼

　いろいろな考え方があると思いますが、**私は新年度１回目の授業参観でオススメなのは①普段どおりの授業だと考えます**。普段の授業に前向きに取り組んでいる姿を見てもらうことで、安心感をもってもらうことができるからです。

　また、子どもには「〇月△日に授業参観があります。一生懸命に取り組んでいる姿を見てもらうために、授業の受け方についてもみんなで意識していきましょう」と言って、学習規律を整える機会にしています（私は 77 ページの掲示物を提示して取り組み方を共通理解しています）。子どもが自信を持って学習に参加するために難易度は少しやさしめのものを選ぶこともオススメです。

　②発表会形式や③保護者参加型の授業もいいのですが、年度始めの授業としては難易度が高めです。とはいえ、子どもがいきいきと学習に参加できることが一番ですので、目の前の子に合った授業を選択してください。

これがオススメ！
授業参観の授業づくり

保護者が見ているのは自分の子と担任の先生

　授業参観で保護者は何を見ているのでしょうか？　保護者が見ているのは、自分の子と担任の先生の振る舞いだけと言っても過言ではないでしょう。驚くほどに他の子たちは目に入ってきません。

授業参観の授業のつくり方

　授業参観では、
- **1時間で完結するもの**
- **子どもにとってやさしい内容**
- **子どもの活躍の場が多いもの**

がオススメです。たとえば、国語なら物語や説明文ではなく、漢字の成り立ちや熟語のつくり方などです。算数なら単元の内容ではなく、その時間だけで解決できるゲーム的要素の強い内容です。道徳はその時間で解決できるものばかりですので、普段どおりに展開できるでしょう。とはいえ、ここに紹介したものは、私個人の考え方によるものが強いです。同学年や自分の近くの先生、教務主任等に相談して決めるのがいいと思います。

　目の前の子どもや学校の実態に合わせ、子どもがいきいきと参加できる学習内容を選べるといいですね。

✧ 授業参観のオススメ授業は… ✧

やさしい内容

1時間で完結するもの

子どもの活躍の場が多いもの

どうぞ！

❙❙ ここがポイント！ ❙❙

　よっぽどのことがない限り、保護者から授業の内容についてほとんど触れられません。ですので、難易度の高めの学習は控えた方が無難です。
　それよりも、
「自分の子どもが楽しそうに授業を受けていた！」
「しっかり先生の話を聞いている！」
「先生は子どもをたくさんほめてくれている！」
「今度の先生は明るい雰囲気だ！」
というようなことに関心が寄せられます。ですので、難しい内容で子どもや教師が困っている姿を見せるのではなく、やさしい内容で教師が自信を持って授業を展開したり、子どもがいきいきと授業に参加したり、子どもをたくさんほめたりする様子を見てもらうことが大切です。
　授業参観では、「保護者に安心感を持ってもらう」といういつもと違う目的で授業づくりをします。

家庭訪問で
保護者の声を聞く

家庭訪問の目的

家庭訪問の目的は学校によって違うと思いますが、私は

①保護者との人間関係の構築

②保護者と担任の情報交換

③児童の家庭環境の確認

だと考えます。

家庭訪問ののぞみ方

上の３つの目的をもとに次のように家庭訪問にのぞみます。

①保護者との人間関係の構築

少人数で会うということで、保護者は担任の細かいところまで気になってしまいます。髪型を整えたり、スーツをクリーニングに出しておいたり、靴を磨いておいたりしておきます。

②保護者と担任の情報交換

「何か学校で不安なことはありますか？」と聞き、引き継ぎや子どもの観察からだけではわからない情報を保護者から聞き取ります。

③児童の家庭環境の確認

児童の家庭の雰囲気など、言葉にはない情報から子どもの様子を見取ります。また、家の位置を確認して、児童の通学路を把握します。

✧ 家庭訪問での大事なポイント ✧

人間関係の
構築

情報交換

家庭環境の
確認

＼＼ ここがポイント！ ／／

とくに大切にしたいことは②保護者と担任の情報交換です。保護者の方々は、学校での様子が心配です。無理をして子どものよいところを伝える必要はありませんが、学校で頑張っている様子を伝えることが大切です。ですので、日頃から子どもの様子をよく見取るようにします。ネガティブなことを伝えなければならないこともあります。そのときは、電話で伝えるときと同じように、ご家庭で協力いただきたいことを具体的に伝えるようにします。

　子どもの様子を伝えたら、保護者の声を聞きます。言葉だけではわからない表情や仕草からもメッセージを読み取るようにします。ここで得られる保護者からの意見はとても貴重です。保護者の声は普段なかなか担任まで届きませんので、家庭訪問が大きなチャンスだと思い、誠実に言葉を受け取ります。

個人面談で
家庭との協力を築く

個人面談の目的

　個人面談の目的は学校によって違うと思いますが、家庭訪問と同じように、

　　①保護者との人間関係の構築
　　②保護者と担任の情報交換

だと考えます。

個人面談ののぞみ方

　私は、次のような手順で個人面談にのぞんでいます。

①家庭での様子を聞く

　「ご家庭では学校の話をされますか？」と切り出して、家庭での様子を伺います。

②学校での様子を伝える

　「友達面」「学習面」「生活面」の３つの項目で伝えます。テストや振り返り文など、具体物があるとより伝わりやすいです。

③困り感を聞く

　学校ではわからない子どもの困っていることを伺います。困り感がある場合は、保護者と一緒に取り組み方を考え、具体的な手立てを伝えます。

✦ 個人面談で聞くこと・伝えること ✦

❶ 家庭での様子を聞く

❷ 学校での様子を伝える

❸ 困り感を聞く

‖ ここがポイント！ ‖

　保護者は家庭訪問と同じように、個人面談でも担任から何を言われるのかとても緊張しています。とくにネガティブなことを言われるかもしれないと思い、ドキドキしています。そんな保護者の方に寄り添うために、ネガティブなこともポジティブなことも伝え方を大切にします。ネガティブなことを伝えるときは、「○○が苦手」「○○がよくない」と、否定するだけの伝え方は控えます。「○○をすると成長できる」「○○を改善できればもっとよくなる」と、具体的な改善点とポジティブな言葉を付け加えます。

　保護者に安心してもらった上で、子どもの困り感を伺います。困り感があったときは、学校でできることや家庭でしてもらいたいことを具体的に話し合います。子どものために学校と家庭で協力する関係をつくる機会にすることがとても大切です。

第 **6** 章

知っておきたい！

**教師の仕事の
ポイント**

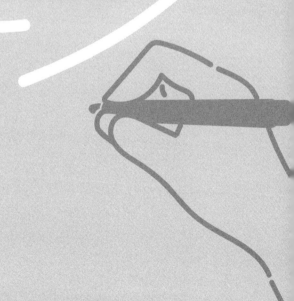

1 最初はドキドキする！ 電話のマナー

マナーが自信を与えてくれる

　学校では電話で保護者以外の方とも連絡を取る場面がたくさんあります。他校の職員や教育委員会の方、業者の方や地域の方かもしれません。誰でも最初はドキドキします。しかし、マナーを身につけることで自信を持って電話に出られるようになります。

電話のマナー

○「ハイッ、○○小学校の「自分の名前」です」と、電話に出る
　（プライバシー保護の関係で自分の名前を言わない学校もあります）
○「こんにちは。○○小学校の「自分の名前」です。○○先生はいらっしゃいますでしょうか？」と、電話をかける
○自分の学校の職員に「先生」をつけない
　（校長先生は校長。ベテランの先生も苗字だけ。など）
○「もしもし」とは言わない
○電話を切るときは、「ガチャッ」と音を立てない
○「ウンウン」と言わない
○メモ帳を近くに置いておく
○上向きの声で明るく話す

✧ 電話のマナー ✧

NG例

✖ 自校の職員に「先生」をつける

✖ 「ウンウン」と言う

✖ 「もしもし」と言う

✖ 暗くてボソボソと話す

✖ 切るときに「ガチャッ」と
　音を立てる

…など

＼＼ ここがポイント！ ／／

　もしかしたら、配属された学校には、電話のマナーを教えてくれる人はいないかもしれません。ビジネス書を読んだり、先輩に相談したり、インターネットで調べたりして、電話の仕方を学びます。

　話は変わってしまいますが、初任者になってすぐは、保険や不動産投資の電話がたくさんかかってきます。必要であれば受け答えしてもよいですが、不必要な場合は「必要ありません」と言って、はっきりと断って切るようにしましょう。

　余談ですが、保険や不動産投資の話があると、必要かどうか判断に迷います。そこでオススメなのがYouTubeで学ぶことです。YouTubeは手軽でわかりやすくそれらのことを学ぶことができます。時間があるときに学んでおき、本当に必要かどうか判断する材料にします。

2 教師の服装は 何よりも清潔感が大事

服装が与える影響

　学校も公の場ですので、その場に適した服装を心がけます。とはいえ、よく動いたり汚れやすかったりするので、気づいたらジャージばかりで過ごしてしまいます。意外にも服装は、自分自身にも子どもにも影響を与えるものなので、どんな服装で過ごすか意識することも大切です。

教師の服装

　スーツは、始業式や入学式などの儀式的行事、授業研究会、外部の方をお招きしたときに着ます。子どもも教師も気持ちがピシッとしますが、動きづらいという特徴があります。紳士服売り場で買ってもよいですが、安いアパレルショップでもデザインや機能性のよいものを安く買うことができます。

　ジャージなどの運動着は、とにかく動きやすく、汚れてもすぐに洗えます。体育の授業はよいのですが、教室での授業をジャージで行うと、気持ちが少し緩んでしまいます。

　その他にも、理科の実験では白衣を着たり、家庭科の調理実習では、エプロンを着けたりします。もちろん、状況によって着替えることは、機能的にも大切ですが、雰囲気づくりにも大切です。

見た目も機能も大事！

TPOに合わせた服装

ハンカチ・タオル

清潔感

ここがポイント！

　状況に合わせて着替えることは大切なのですが、**もっと大切にしたいのは、清潔感です。**

　スーツを着るときはシワがあったり埃がついていたりしないよう、クリーニングに出しておきます。革靴は汚れたら磨きます。

　着る頻度の高いジャージは、ヨレヨレになったり、落ちない汚れがついたり、破れたりします。ずっと同じものを着るのではなく、ある程度ダメージを受けたら変えます。

　ハンカチやタオルを持ち歩くことも大切です。手を洗った後や汗をかいた後はきちんと拭きます。教師が拭く姿を子どもに見せることも教育につながります。

③ 知っておきたい 息の抜き方

息を抜くこと

　タイヤも空気を入れすぎてしまうと、破裂してしまいます。快適な運転をするには適切な空気圧に調整することが大切です。仕事も同じで、ときには息を抜くことが成果の上がる仕事につながります。

自分に合った息の抜き方を身につける

　みなさんには、自分に適した息の抜き方はありますか？　私にはたくさんあります (笑)。

　アニメを見ること。YouTube を見ること。サウナに行くこと。美味しいものを食べること。お酒を飲むこと…（笑）。

　家族と過ごす時間もホッとします。こういった自分に合った息の抜き方があると、仕事も頑張れます。

　また、積極的に年休を取ることもよい息抜きにつながります。1 日取るのは難しいとしても、放課後に 1 時間取るだけでリフレッシュすることができます。

　仕事が忙しいこともわかりますが、**ときにはしっかりと息を抜いて自分を大切にする時間を積極的に取るようにしていきましょう。**

自分に合った方法を見つけておこう！

息抜きで気持ちをリフレッシュ！

ここがポイント！

　年休は理由がなければ取れない気がしませんか？　そんなことはありません。年休は「一定期間勤続した労働者に対して、心身の疲労を回復しゆとりある生活を保障するために付与される休暇のこと」と、厚生労働省にも認められている権利です。年休を取るのは簡単！　服務整理簿に書いて提出するだけ。法律上、年休を取るのに理由はいらないのでご安心を。理由を聞かれることはありません。積極的に取ってみてはいかがでしょうか？

　個人的にオススメの息の抜き方は、サウナです。正しいサウナの入り方を身につけると、頭の中のモヤモヤが吹き飛んでしまいます。健康にもつながります。

時間をつくって 自己研鑽をしよう

自己研鑽はやっぱり大事

膨大な仕事に追われ、なかなか自己研鑽をする時間を取れないかもしれません。しかし、教師として成長するためには自己研鑽しか方法はありません。忙しさが落ち着いてから自己研鑽を始めてもよいでしょう。頭の片隅に入れておくことが大切です。

自己研鑽の仕方

私たち教員には、悉皆研修や校内研修が定められていて学ぶ機会があります。しかし私には、それだけでは不十分でした。そこで、次のようにして自己研鑽にのぞみました。

○**教育書を読む**

○**教育書以外の本 (ビジネス本や物語本など) も読む**

○**セミナーに参加する**

○**授業の振り返りをする** (録音・録画・板書の撮影など)

○**授業を見てもらう**

○**論文に応募する**

もちろん、悉皆研修から学べることもたくさんあります。しかし、上記の学びをすることで、悉皆研修だけでは学べない大切なこともたくさん学ぶことができます。

✧◇ オススメの自己研鑽！ ◇✧

読書

セミナー

録音による
授業改善

＼＼ ここがポイント！ ／／

　私は教員になってから6年間、教育書をほとんど読んだことがありません
でした。当然、セミナーに参加したこともありませんし、今のように
SNSから学べる機会もありませんでした。その結果、毎日の学級経
営がとても大変だったように感じます。

　自分の学級経営に行き詰まったときに、教育書を読み始めました。す
るとどうでしょう。教育書には、私が悩んでいたことの原因やそれに対
する具体的な改善方法など、私に必要な情報がたくさん書かれていたの
です。それからというもの、教育書以外の本も読んだり、セミナーに参
加したり、自分自身で授業改善をするようにしました。少しずつですが、
学級経営で成果が残せるようになったと感じます。

　早いもので教員になってから15年が経ちました。今まで何度も窮地
に追いやられることがありました。しかし、なんとか乗り越えられてき
たのも自己研鑽を続けたおかげだと思っています。

5 大切なのは 自分を責めすぎないこと

うまくいかないことがある

　仕事をしていると、どうしてもうまくいかないことがあります。子どもや保護者、同僚との関係かもしれませんし、授業のことかもしれません。うまくいかないことがあるのは当たり前のことです。

自分を責めすぎない

　自分の成長につながるのなら、ある程度自分に責任を求めることはいいことだと思います。

　しかし、人間は気づくと自分を傷つけるほどに自分を責めすぎてしまいます。これが続くと、仕事に行けなくなることもあります。考えたくもありませんが、命を落とすという判断にもつながりかねません。ですので、自分を責めすぎないことは本当に大切です。

　もし、うまくいかないことがあったのなら、自分1人で抱え込むのではなく、周りに相談することです。もしかしたら改善する方法が見つかるかもしれません。見つからなかったとしても溜め込んでいることを吐き出すことで心を落ち着けることができます。

　人間は1人では驚くほどに弱い生き物です。だからこそ、辛いときは助けを求めるようにしましょう。

✦ 自分の責任の追及はどちらになってる？ ✦

成長に
つながる！

自分を
傷つける…

○

×

▎▎ ここがポイント！ ▎▎

　私は若い頃、学級を崩壊させてしまったことがあります。心が折れそうなときには先輩に居酒屋に連れて行ってもらい、弱音をたくさん聞いてもらいました。本当に申し訳ないことだと思い、

　「すみません。いつかこの恩はお返しします」

と、先輩に謝ると、

　「俺も若いときに先輩にたくさん助けてもらったんだよ。それを今、返してるだけ。だからさ、俺に返すんじゃなくて、困っている人がいたら、その人に返してあげて」

と言われたことを今でも覚えています。私もこの先輩のように、困ったときに助けてもらった分、困っている人を助けられるような人を目指していきたいと心の底から思います。

6 大丈夫！ きっとうまくいく！

大変な仕事であることは間違いない

　大量の業務。うまくいかない学級経営。難しい授業。とても大変な仕事で毎日ヘトヘトになって働いています。教員採用試験の倍率が下がっていることもうなずけます。

それでもやっぱり素敵な仕事

　今年で15年目になりました。学級崩壊の経験もあります。子どもと楽しく過ごした日々もあります。多くの人に支えられたり学び続けたりすることで私自身も大きく成長できたように感じます。

　そして、15年経った今でも、「先生の授業楽しい！」「このクラスでよかった！」と言ってもらえると飛び上がるくらい嬉しいです。この仕事をやっていてよかったなぁと思うことができます。

　私はこの職業を通して、いろいろな経験を積み重ねてきました。改めて感じるのは、やっぱりこの仕事は本当に素敵な仕事だということです。子どもとのやりとりでクスッと笑える場面がたくさんあります。感動して涙が出ることだってあります。子どもの大きな成長を間近で見ることができます。

　私にとってこの仕事は、他の仕事では味わえない素晴らしさが日常にあふれています。

大丈夫！
きっとうまくいく！

応援
しています！

ここがポイント！

　チャップリンの名言に「人は近くから見れば悲劇だが、遠くから見れば喜劇だ」という言葉があります。

　これから先の教員人生、うまくいかないこともあるでしょう。そのときに起きていることは、自分にとっては本当に辛いことかもしれません。どうしても辛くなったら、休んだり、職業を変えたりして離れてもいいと思います。どうか自分の人生を大切にしてください。

　これから始まる教員人生。不安も大きいと思います。でも大丈夫です。きっとうまくいきます。そして、素敵な未来がみなさんを待っています。

　私の力は微力かもしれませんが、遠くの地から応援しています。一緒に素敵な教員人生を歩んでいきましょう！

おわりに

　今年で私は 15 年目になり、昔よりは人と比べることは少なくなりました。今では人と比べるのではなく、

　（できないことができるようになってる！）

　（学級に助け合いが広がった！）

　（教師としてまだまだ成長できてる！）

と、目の前の子や自分自身の成長する前の過去と比べています。

　成長を感じることのできる比べ方ができるようになったことで、若手の頃より、今の方がずっとずっと楽しく仕事をすることができています。

　とはいえ、若手の学級経営や授業を拝見すると、

　（すごいなぁ）（いいなぁ）（あんなふうにできたらなぁ）

と、若手と自分に差があるような気がして落ち込んでしまいます。何年経っても、人と比べてしまうと、落ち込んでしまうものですね（笑）。

　また、私が初任の頃、今の私のような 40 歳近くの 15 年目の先輩は大ベテランに見え、とてもすごい先生のように感じていました。しかし、実際なってみると、そんなことはありません。若手の頃と同じようにうまくいかないことで悩んでいます。もしかしたら、みなさんの周りの先生方も、私と同じように悩みながら教壇に立っているかもしれません。

若手のみなさんも私と同じように、周りと比べて落ち込むことがたくさんあるでしょう。また、落ち込む機会がこれからやってくるかもしれません。

　だからこそ、これから長く続く教師人生を「楽しみ」に変えるために人と比べて落ち込むのではなく、目の前の子や自分の成長に着目することを大切にしてみてはいかがでしょう？　私も、みなさんと一緒に心がけていきます。

　教師人生のスタートアップがあまりうまくいかなかった私です。そんな私の失敗した経験が、本書を通してみなさんの新年度、そして、教師人生のスタートアップのお役に立つことができればとても嬉しいです。最後までお読みいただき、ありがとうございました。

髙橋　朋彦

●著者紹介

髙橋 朋彦 （たかはし　ともひこ）

1983年、千葉県生まれ。千葉県公立小学校勤務。文科省指定の小中一貫フォーラムで研究主任を務める。教育サークル「スイッチオン」、バラスーシ研究会、日本学級経営学会などに所属し、若い先生方へ教師の仕事のさまざまなノウハウを Instagram や Twitter で発信し、活躍中。多くのフォロワーから日々たくさんの反響がある。著書多数。

新年度ここで差がつく！

教師1年目のスタートアップ

2023年2月3日　初版発行
2024年2月7日　3刷発行

著　者　　髙橋 朋彦
　　　　　（たかはし　ともひこ）

発行者　　佐久間重嘉

発行所　　学 陽 書 房

　　　　　〒102-0072　東京都千代田区飯田橋 1-9-3
　　　　　営業部／電話 03-3261-1111　FAX 03-5211-3300
　　　　　編集部／電話 03-3261-1112
　　　　　http://www.gakuyo.co.jp/

ブックデザイン／能勢明日香
イラスト／いわいざこ まゆ
DTP 制作／越海辰夫
印刷・製本／三省堂印刷

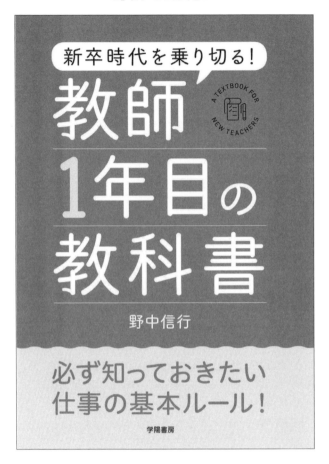

**新卒時代を乗り切る!
教師1年目の教科書**

野中信行　著

Ａ５判・並製・128ページ　定価 1760 円（10％税込）

この1冊で、教師1年目を乗り切る！　学級経営や子どもとの付き合い
方など、初任者でもできる授業づくりのコツや初任者がつまずきやすい
失敗など、1年目に必ず知っておきたい情報が満載！

好評の既刊！

若い教師のための
1年生が絶対こっちを向く指導！

俵原正仁・原坂一郎　著

Ａ５判・並製・120 ページ　定価 1980 円（10％税込）

　1年生がみるみる集団として素直に動くようになる！　カリスマ教師とスーパー保育士が教えてくれるカンタン指導で、1年生の指導がラクに楽しくなる1冊！

好評の既刊！

仲よくなれる！ 授業がもりあがる！
密にならないクラスあそび 120

樋口万太郎・神前洋紀 編著

Ａ５判・216 ページ 定価1980円（10％税込）

密にならずに楽しく子ども同士がつながりあえるクラスアクティビティを
満載！ 授業の集中が切れた時、スキマ時間、クラスの雰囲気を変え
たい時、教室の中で、この遊びで子どもがみるみる生き生き変わる！